Wolfgang Halm · Carolina Ortiz Blasco

Libro del profesor

Max Hueber Verlag

Das Werk und seine Teile sind urheberrechtlich geschützt.
Jede Verwertung in anderen als den gesetzlich zugelassenen Fällen
bedarf deshalb der vorherigen schriftlichen Einwilligung des Verlages.

3.	2.	1.		Die letzten Ziffern
1996	95	94	93	92	bezeichnen Zahl und Jahr des Druckes.

Alle Drucke dieser Auflage können, da unverändert,
nebeneinander benutzt werden.
1. Auflage 1992
© 1992 Max Hueber Verlag, D-8045 Ismaning
Druck und Bindung: Schoder Druck GmbH, Gersthofen
Printed in Germany
ISBN 3-19-044039-5

INDICE

Introducción

1. La meta general 4
2. El profesor 4
3. El ritmo de trabajo 4
4. Los textos y las ilustraciones 5
5. La progresión gramatical 5
6. Los ejercicios 6
7. La comprensión auditiva 8
8. Los tests 8
9. Aprendizaje y adquisición del lenguaje en clase 9
10. Orientación para profesores que dan clase por primera vez 10

Lecciones

1   El español o castellano 12
2   Rutas de ayer y de hoy 16
3   Escritores de vacaciones 21
4   A favor y en contra 26
5   El disco del consumo 31

Test 1 35

6   Actitud ante las fiestas navideñas 37
7   Cartas 40
8   Un flechazo 47
9   El milagro 50
10 Balada de la bicicleta 55

Test 2 59

11 La familia 62
12 Por fin tengo un amigo 67
13 Arlequín y Colombina 71
14 Mi pintura lleva en sí el mensaje del dolor 76
15 Por Castilla 80

Test 3 84

16 El viajero que llegó a tiempo (I) 86

17 El viajero que llegó a tiempo (II) 90
18 El premio Nobel 94
19 Un invierno en el paraíso 98
20 Episodio del enemigo 103

Test 4 108

21 Alegrías y quejas 110
22 Hagas lo que hagas 115
23 ¡Esto se acabó! 118
24 Dos conversaciones 123

Test 5 127

25 De prisa, de prisa 128
26 Los consejos de tío Dámaso – Despedida 133
27 Déjamelo pensar 138

Test 6 142

28 Picasso, Dalí, Gaudí, Miró 143
29 El tendero 148
30 Culturas, encuentros, contrastes 155

Test 7 158

Introducción

1. La meta general

La meta general de *Paso a paso* es ofrecer un curso que dé a los alumnos una sólida base lingüística tanto para la conversación cotidiana como para la lectura de textos.

2. El profesor

Hemos tenido en cuenta muchas sugerencias hechas por profesores que nos han ayudado a perfilar las características del manual.

Paso a paso va dirigido a un tipo de profesor
- que aprecie las ventajas y la comodidad, a la hora de preparar las clases, de una progresión gramatical lineal y sistemática.
- que quiera evitar los problemas que se derivan de los «cabos sueltos» en los textos, el fraccionamiento excesivo de la gramática y las explicaciones gramaticales improvisadas sobre la marcha.
- que le guste disponer de ejercicios eficaces.
- que valore el que sus alumnos no sólo lleguen a desenvolverse, en español, en situaciones cotidianas, sino el que también adquieran el gusto de leer, desde el principio, algunos textos sencillos originales.

3. El ritmo de trabajo

El ritmo de trabajo lo determinará, como es natural, el tipo de alumnado que componga la clase y/o el tiempo del que disponga el profesor para cumplir con su programa.
El mínimo de tiempo que se requiere para presentar lo básico de una lección – comprensión del texto, aclaración de las estructuras gramaticales, selección mínima de ejercicios – es hora y media, siendo en este caso necesario que los alumnos trabajen responsablemente en casa haciendo el resto de los ejercicios. De esta forma, y si un plan de estudios prevé una primera etapa de introducción general al idioma en breve tiempo, se puede llegar a esta meta en 30 clases, partiendo de la base de que los alumnos tengan cierta preparación para estudiar una (segunda o tercera) lengua extranjera. Otra posibilidad será prever unas 45 clases de hora y media, ritmo que permitirá hacer más ejercicios (o todos) en clase y tomarse tiempo para los ejercicios de expresión libre y para la conversación.
Para cursos que quieran y puedan avanzar a un ritmo pausado (por ejemplo, con alumnos menos preparados para el aprendizaje de un idioma) incluyendo elementos lúdicos, etc., es evidente que no hay ningún límite de tiempo. Se podrá planificar un curso de 60 hasta 90 clases de hora y media.

De todas formas, se sugiere abandonar la idea de «no avanzar antes de que los alumnos *dominen* lo enseñado/aprendido», ya que, como se sabe, hay un desfase temporal entre el primer aprendizaje y la adquisición definitiva. Será preferible avanzar a un ritmo constante y volver sobre un fenómeno lingüístico determinado cuando se sienta la necesidad de hacerlo.

4. Los textos y las ilustraciones

Hay varios tipos de textos en el libro:
1. El texto-base de cada lección, en el que se introduce un número limitado de elementos lingüísticos (vocabulario y gramática). Se han seleccionado, para la mayoría de las lecciones, textos que, siendo sencillos y accesibles, contenían el aspecto gramatical requerido en la lección y tenían además el atractivo de no haber sido escritos artificialmente para presentar tal o cual fenómeno gramatical o un vocabulario determinado, sino simplemente para comunicar unas ideas o para relatar algo. No se ha intentado «cubrir» una gama determinada de temas de cultura y civilización españolas o latinoamericanas, porque la elección de unos contenidos determinados de «Landeskunde» la puede decidir el profesor en una segunda etapa del aprendizaje, según el programa con el que tenga que cumplir, o según sus propios intereses y los de su grupo, en un momento en el que el alumno pueda expresar sus opiniones o puntos de vista en castellano con cierta soltura lingüística (porque si no, el peligro de convertir la clase en una tertulia en su lengua materna es evidente).
2. Los textos-ejercicio, que paralelamente a su función de ejercicio activo presentan modelos de conversaciones de la vida diaria, de cartas o breves relatos.
3. Los textos grabados como ejercicios de comprensión auditiva, modelos también de conversaciones así como de entrevistas.
(Estos textos están transcritos en este *Libro del profesor*, en su lección correspondiente).
Las fotos y los grabados apoyan el enfoque general de civilización y cultura de los textos, sin ser una ilustración de los mismos en un sentido estricto. En el libro del profesor se proponen formas lingüísticamente sencillas de hablar sobre ellas y, en el caso de los cuadros, se dan algunas informaciones sobre el cuadro y/o el artista.

5. La progresión gramatical

El conocimiento de la gramática no es un fin en sí, pero es un medio para recibir adecuadamente mensajes y para dar seguridad a la hora de transmitirlos. Por eso los resultados de un curso pueden ser insuficientes cuando se intenta «camuflar» la gramática – por considerarla la parte menos agradable del aprendizaje – o cuando se le atribuye un papel irrelevante.
En este manual, damos importancia a la gramática, pero por otra parte, no queremos que se le dedique un esfuerzo innecesario. El rechazo a la gramática se debe a veces a que el primer contacto con ella resulta confuso. Una progresión clara, que evite los ca-

bos sueltos y permita concentrar la atención, en cada lección, en pocos fenómenos que los alumnos puedan entender y recordar sin problemas, puede facilitar tanto el aprendizaje como la enseñanza del idioma.

Bajo este planteamiento de eficacia y economía en conjunto, pierde importancia la posible discusión de si el fenómeno A (o parte de él) debería presentarse antes o después del fenómeno B, por ser uno de los dos más frecuente, más importante, más comunicativo, etc. (conceptos que no siempre se prestan a un juicio objetivo). Se ha optado por una progresión lineal. El índice del manual da una información completa. Citamos aquí sólo lo referente al verbo, que se presenta en los siguientes ciclos :

L 1 - 6   Pres. de indicativo, verbos regulares e irregulares
           ser : estar
L 7 - 10   Pres. de indicativo, verbos irregulares (cont.)
           Pretérito perfecto compuesto
           estar : hay
L 11 - 12 ir a + Infinitivo; acabar de + Infinitivo
           Gerundio: estar + Ger.; seguir + Ger.
L 13 - 15 Futuro, formas regulares e irregulares
           Condicional, formas regulares e irregulares
L 16 - 20 Pretérito perfecto simple
           Pretérito imperfecto
L 21 - 27 Presente de subjuntivo
L 25 - 26 Imperativo
L 28 - 30 Pretérito imperfecto de subjuntivo
           Estilo indirecto
           Voz pasiva

Si le parece necesario, en su caso, presentar y tratar el sistema completo de los pretéritos antes, le recomendamos este orden, después de la lección 12:

L 16 - 19 Pretérito perfecto simple
           Pretérito imperfecto
L 13 - 15 Futuro, formas regulares e irregulares
           Condicional, formas regulares e irregulares
L 20   Repaso de los pretéritos

Como es lógico, esto conllevará el encontrarse dos o tres «cabos sueltos», lo cual a estas alturas tampoco sería un gran problema.

6. Los ejercicios

En la segunda parte del *Libro del profesor* se explica brevemente el contenido de cada ejercicio, por qué se propone (por ejemplo, por fenómenos contrastivos) y cómo se podría trabajar con él. Aquí se comentan solamente tres tipos de ejercicios.

6.1 Modelos sistemáticos

Un texto de una lección puede presentar sólo un número limitado de formas del tema gramatical que se presenta. El sistema completo se presenta en la Gramática de la lección. Pero con esto, el alumno sólo dispone de algunos modelos en un contexto concreto. Si en los ejercicios tuviera que producir inmediatamente las nuevas formas, se le exigiría un esfuerzo relativamente teórico: la aplicación consciente de unas formas o unas reglas que no ha tenido oportunidad de adquirir, escuchando o leyendo un número suficiente de ejemplos comprensibles. (Hay que tener en cuenta que los alumnos a los que se dirige el libro no están expuestos a un «baño de lengua» constante, como la persona que estudia y vive en un país hispanohablante). Por eso incluimos frecuentemente ejercicios que ofrecen gran número de ejemplos antes de pasar a la producción de las nuevas formas. Se trata de frases corrientes, modelos aplicables en diversas situaciones concretas, que tienen normalmente una doble función:

a) Su comprensión tiene importancia en el proceso de adquisición del idioma. Por eso se recomienda que antes (o en algunos casos, después) de hacer el ejercicio, los alumnos oigan/lean estas frases que podrían necesitar en una situación o conversación corrientes. (Algunos ejercicios de este tipo: L 2 Ej. 2; L 3 Ej. 3).

b) Sobre esta base de comprensión (y de imaginación situativa, apoyada por el profesor), los alumnos podrán proceder a «hacer el ejercicio»: transformar, preguntar, contestar, comentar, etc.

6.2 Diálogos para ser representados

Estos diálogos, marcados en el libro por un fondo de color, tienen diferentes funciones:

a) Presentan formas de expresión sencilla en situaciones cotidianas.

b) Obligan al alumno a una lectura atenta, mediante la tarea, con intención muy fácil, de completarlos.

c) Se prestan para la repetición y representación y para la creación de una serie de variantes libres.

Estos diálogos no introducen nuevas estructuras gramaticales, sino que facilitan el acceso directo a las actividades comunicativas y de expresión personal, partiendo de un bagaje lingüístico ya adquirido. (Los diálogos están grabados en las casetes que acompañan al libro).

6.3 Traducción

La «traducción» – podría ponerse entre comillas, porque la traducción propiamente dicha requiere unos conocimientos y unas técnicas especiales – parece un instrumento útil para controlar el empleo adecuado de ciertos elementos lingüísticos que de otra forma se podrían repasar difícilmente. Además, algunas interferencias del idioma materno suelen ser insistentes, de modo que es a veces preferible provocarlas mediante estímulos dados en el idioma materno, para superarlas conscientemente, en vez de «evitarlas» mediante un método estrictamente directo.

7. La comprensión auditiva

La comprensión auditiva es un elemento decisivo en la adquisición y el aprendizaje de un idioma. Se ofrecen más de 30 textos auditivos, mitad situaciones de la vida cotidiana, mitad entrevistas, etc., generalmente con elementos de cultura y civilización. Las preguntas de comprensión correspondientes a cada texto se encuentran en las páginas 225 a 231 del manual.

En cursos que dispongan del tiempo necesario, estos textos podrían servir no sólo para practicar la comprensión auditiva, sino que a su vez podrían servir de punto de partida para diferentes actividades (resumen por escrito o narrado del contenido, pequeño dictado, para que el alumno tenga el texto o parte de él, por escrito).

Los textos grabados se incluyen, en forma escrita, en este *Libro del profesor*, en sus respectivas lecciones.

Para el trabajo con los ejercicios de comprensión auditiva proponemos modelos diferentes, según el grado de dificultad y el contenido lingüístico de cada ejercicio:

Modelo 1
Cuando tanto el texto como las preguntas son fáciles con respecto a los conocimientos lingüísticos adquiridos hasta la lección correspondiente, proponemos estos pasos:
a) Los alumnos leen la breve introducción a la conversación o entrevista así como las preguntas, sin más aclaración.
b) Se escucha el texto y, simultáneamente o inmediatamente después, los alumnos contestan las preguntas.
c) Control (seguido, si se quiere, de una audición más).

Modelo 2
Cuando el texto presenta ciertas dificultades por contener palabras y expresiones que los alumnos todavía no conocen (pero que no impiden la comprensión global), proponemos estos pasos:
a) Los alumnos leen la breve introducción a la conversación o entrevista.
b) Escuchan el texto, para tener una impresión de conjunto.
c) Se leen las preguntas aclarándolas, si hace falta. (A veces se repite en las preguntas una de las palabras desconocidas.)
d) Escuchan por segunda vez el texto y contestan a las preguntas.
e) Control.
f) Audición adicional, con la tarea de recordar algunas palabras o expresiones nuevas que vale la pena comprender y aprender.

8. Los tests

Los siete tests, integrados al cabo de las lecciones 5, 10, 15, 20, 24, 27 y 30, repasan las estructuras tratadas y contienen también ejercicios que controlan la comprensión de un texto (incompleto) y el empleo de elementos de vocabulario o fraseología (para completarlo).

9. Aprendizaje y adquisición del lenguaje en clase*

Llamamos *aprendizaje* de un idioma *(Sprachenlernen)* el proceso de estudiar formas del idioma, reglas de gramática, vocabulario, etc. Es una actividad consciente, cognitiva.
La *adquisición* natural de un idioma *(Spracherwerb)* es un proceso diferente. Se produce, de forma inconsciente, cuando escuchamos o leemos (y comprendemos) algo en el idioma en cuestión. Lo que de esta forma «adquiere» el alumno, va siendo suyo, se está convirtiendo poco a poco en una capacidad espontánea de expresarse.
La adquisición del idioma no depende de que el alumno hable mucho desde un principio, sino de que oiga o lea y comprenda. La fluidez oral emerge en un momento posterior a la adquisición, que varía de una persona a otra. Con todas las diferencias que hay entre un bebé y una persona joven o adulta, no deja de tener interés saber que el bebé adquiere las bases del idioma en el primer año de su vida, en el que prácticamente no «dice» nada en términos de un idioma, y en esta fase previa, en la que no habla, pero ya comprende, se basa luego la maravillosa «explosión» lingüística, cuando el niño desarrolla a un ritmo asombroso su capacidad de expresión.
El manual planifica, en primer término, el aprendizaje. Pero también contribuye a la adquisición. Esta se produce cuando el alumno recibe un mensaje comprensible, sin centrar su atención en la forma lingüística, sino en el contenido.

El texto de una nueva lección no es, de salida, un mensaje comprensible para el alumno. Pero el profesor puede contribuir a la adquisición con una serie de recursos que para profesores que inicien su actividad como tales formulamos aquí:
Puede contar él mismo el contenido del texto atrayendo la atención sobre el contenido y no sobre la forma de la expresión, antes de pasar a leerlo y ver detenidamente la parte formal de la expresión. También puede, después de explicar una serie de puntos formales, volver a contar o comentar el texto a su manera, haciéndolo suyo, añadiendo observaciones personales, o puede intercalar, simplemente, comentarios espontáneos de cualquier tipo.
Para la adquisición es importante que el profesor hable, siempre que no se trate de interminables monólogos. (Esto parece evidente, pero lo subrayamos porque hay profesores que piensan que el buen profesor no debe hablar, para hacer que los alumnos hablen todo el rato). Las posibilidades son múltiples y van desde un comentario espontáneo hasta contar brevemente algo personal: lo que le ha pasado, algo que ha leído, etc.
También hay algunas reglas generales que todo profesor con experiencia tiene en cuenta automáticamente en este tipo de conversación o charla, y que para profesores que inicien su actividad como tales mencionamos aquí:
a) Intentar expresarse de forma sencilla, pero sin miedo a usar algunas palabras o estructuras todavía desconocidas. (Así, también, al presentar un ejercicio, el profesor lo podrá hacer en español, con la seguridad de que los alumnos van a comprenderlo por el texto del libro, en alemán. Las instrucciones en el manual se dan en alemán,

---

* Estas consideraciones se basan, en gran parte, en Stephen D. Krashen & Tracy D. Terrell: *The Natural Approach – Language Acquisition in the Classroom*, New York 1988

para garantizar que el alumno comprenda fácilmente los ejercicios cuando trabaja solo en casa, y para evitar, en los textos *impresos* del libro, una ruptura de la progresión gramatical. Si el profesor usa nuevas formas *hablando*, es diferente.)
b) Usar todos los medios posibles para facilitar la comprensión: gestos, mímica, dibujos, etc.
c) No «enseñar» al mismo tiempo que cuenta algo: en ese momento, no hacer repetir nada a los alumnos, para no desvirtuar el mensaje espontáneo.
Hay ejercicios que invitan a los alumnos a la expresión personal. Los momentos en que un alumno habla, sea en un pequeño grupo de alumnos, en pareja o delante del grupo entero, son momentos en que los otros escuchan un mensaje, o sea momentos que también contribuyen a la adquisición del lenguaje, siempre que todos puedan comprender lo que quiere decir su compañero.

10. Orientación para profesores que dan clase por primera vez

En este capítulo vamos a ofrecer cierta orientación al profesor que dé clase por primera vez.
El texto de una lección introduce muchos elementos nuevos:
- vocabulario
- nuevas formas gramaticales (por ejemplo, un nuevo tiempo del verbo, una serie de pronombres personales, etc.)
- casos concretos en que se usan estas nuevas formas gramaticales.

Para no tener que introducir y explicar al mismo tiempo todos estos elementos en una primera lectura, podemos hacerlo por partes:

10.1 Antes de leer el texto
Antes de leer el texto podemos
a) indicar brevemente el tema del texto, sin entrar en detalles, cosa que facilitará bastante la comprensión.
b) preguntar qué palabras saldrán posiblemente en un texto que trata del tema indicado (ver el ejemplo que proponemos en la introducción a la L 3). Así ya se maneja parte del vocabulario antes de empezar la lectura y la explicación del texto.
c) presentar en el tablero o retroproyector uno o dos de los puntos gramaticales de la lección, los centrales, indicando las nuevas formas y su significado, pero sin entrar todavía en explicación de reglas, etc.
Es un paso que podrá acelerar el proceso de comprensión, que es la meta principal de la lectura del texto.
Los pasos a) y c) se pueden aplicar prácticamente en todas las lecciones. El paso b) sólo será necesario o útil en algunas lecciones.

10.2 La lectura y comprensión del texto
La lectura y comprensión del texto la podemos planificar, fundamentalmente, de dos formas diferentes, una (a) dirigida por el profesor, la otra (b) más basada en la iniciativa de los alumnos:

a) El profesor lee el texto e intenta llevar a los alumnos a la comprensión del mismo,
- apoyándose en lo que pueden entender los alumnos, sea porque lo han aprendido anteriormente, sea porque se trata de expresiones comprensibles sin más, sea porque el texto/contexto sugiere por lógica su significado.
- valiéndose de gestos y mímica.
- acudiendo a la rápida traducción de alguna palabra.

En esta primera lectura, que se concentra en lo que dice el texto, será conveniente no hacer hincapié en explicaciones de tipo gramatical.

b) Los alumnos intentan, en pequeños grupos o en parejas, entender el texto o partes del mismo, deduciendo el sentido, haciendo conjeturas, etc. Así, captan de forma activa el sentido de nuevas palabras y descubren por su cuenta algunas estructuras gramaticales, etc.

Después de esta fase, o son los alumnos quienes explican entre todos lo que han entendido y hacen las preguntas todavía necesarias al profesor, o éste vuelve al procedimiento descrito en a), que ahora requerirá menos tiempo.

La lectura del texto podrá repetirse alguna vez más, o mejor aún, se pasará a una o varias audiciones del texto.

10.3 La lectura y comentario de las estructuras gramaticales

Ahora podemos pasar a la lectura y comentario de las estructuras gramaticales indicadas en la segunda página de la lección.

Quizás sea útil tener presente que hablando de «la gramática», podemos distinguir entre la presentación de

a) la morfología (formas, paradigmas),
b) algunas «reglas» o fenómenos puramente formales (por ejemplo: a + el → al),
c) las estructuras gramaticales que tienen una función esencialmente «comunicativa» tanto para la comprensión como para la expresión (por ejemplo: formas de negación) y le permiten al alumno llegar a la expresión libre y personal.

El paso a) lo hemos realizado, tal vez, ya antes de leer el texto.

Los casos b) se mencionan brevemente, pero prácticamente no requieren ningún comentario especial.

Así, podemos concentrarnos ahora especialmente en los fenómenos del tipo c), tan relevantes para la comunicación. La comprensión de estos fenómenos y sus funciones podemos apoyarla con algunos ejemplos referidos a las personas presentes en la clase (u otras).

10.4 El trabajo con los ejercicios

La última fase del trabajo con una lección será, finalmente, la realización de los ejercicios, que van, gradualmente, desde la asimilación hasta la expresión libre, pasando por el empleo guiado tanto del vocabulario como de las estructuras gramaticales. Como cada ejercicio lleva las instrucciones correspondientes y, en algunos casos, el libro del profesor ofrece alguna sugerencia adicional, no hace falta añadir aquí más comentarios. Pero será útil, en general, recordar las observaciones sobre aprendizaje y adquisición del lenguaje (capítulo 9 de esta Introducción).

1 El español o castellano

A El Texto

Introducción

Los alumnos pueden escuchar el texto varias veces, leyéndolo el profesor o poniendo la casete, para irse acostumbrando a los sonidos. Puede ser útil que unas veces lo escuchen solamente y que otras veces sigan el texto escrito.
Ahora, el profesor explica en alemán el título del texto:
«Die Sprache, die wir lernen, heißt entweder *español* oder *castellano*. Das Wort *castellano* wird besonders in Lateinamerika gebraucht, steht aber auch in der spanischen Verfassung (weil das Galizische, das Baskische und das Katalanische auch Sprachen Spaniens sind, die in Spanien gesprochen werden). Die gelegentlich zu findende Erklärung, *castellano* bedeute 'spanische Hochsprache', trifft nicht zu: die Bezeichnungen *español* und *castellano* werden seit Jahrhunderten gleichbedeutend gebraucht.»
Los alumnos pueden intentar, por parejas o en pequeños grupos, entender algunos elementos del texto. Los pasajes del texto que no puedan comprender los aclara el profesor rápidamente dándoles una traducción.
Al leer de nuevo el texto, insistir en los adverbios y conjunciones (sustituyendo, si se quiere, estos términos por «Wörter wie *außer, auch, vor allem* usw.»):
además de, sobre todo, como por ejemplo, pero, también, por (lo) tanto, un poco, en fin
... Estos siempre tienen gran importancia en la facilidad de expresión.
El cambio ortográfico y/e (**e** inglés) se puede mencionar brevemente.
La mención de las «palabras latinas» no deberá asustar a los alumnos que no hayan estudiado latín. Podrán descubrir que muchas de estas palabras existen también, de alguna forma, en alemán (y en otros idiomas europeos), igual que muchas palabras árabes o americanas que forman parte del léxico de muchos idiomas. Ejemplos:
– formar: formen, bilden
– familia
– vocabulario: Vokabular
– ejemplo: die Probe aufs Exempel
– estudiar: studieren, lernen
– explicar: «explizit machen», erklären
– germánico
– azúcar: Zucker
– tomate, cacao, café, chocolate, tabaco, maíz
– ayuda: Adjutant, einer, der hilft, unterstützt
– millón
– persona
– antiguo: antik, alt
Al final, podríamos preguntar qué otras palabras españolas creen conocer los alumnos. En una «lluvia de ideas» («brainstorming») saldrán a lo mejor: sombrero – don Quijote

– hidalgo – señor, señora, señorita – guitarra – tango – poncho – gaucho – hacienda – sierra – Costa Brava – etc.

B La Gramática

Use Vd. al principio la terminología alemana o la latina, de acuerdo con los conocimientos de sus alumnos. Quíteles el miedo que les puede causar esta terminología: Se trata de una especie de etiquetas a las cuales uno se va acostumbrando sin querer «comprender» en cada caso su significado.
Haga referencia a las páginas 275/276 donde explicamos todos los términos gramaticales.

1. Los verbos regulares terminados en -ar
La forma de tratamiento (usted, Vd., con el verbo en la tercera persona de singular) existía antiguamente también en alemán. Se cita, por ejemplo, en anécdotas del rey Federico II de Prusia: Hat Er das nicht verstanden? Was will Sie von mir?

2. La pregunta
Las preguntas citadas aquí tienen una entonación parecida a la de las frases correspondientes en alemán.

3. La negación
No harán falta comentarios adicionales.

4. Los artículos y el sustantivo
Mencionamos el plural del artículo indeterminado – que no existe en alemán – para completar el esquema. En el ejercicio 6 se practican someramente las formas.

5. El acento tónico y el acento gráfico
Las explicaciones correspondientes no se encuentran en la página de la Gramática, por falta de espacio, sino entre los ejercicios. Recomendamos dar estas explicaciones hacia el final de la lección, cuando a los alumnos ya les sean más familiares las diferentes palabras modelo.

C Los Ejercicios

1
Compare Vd. las observaciones que hacemos respecto a la introducción del texto. Vd. decidirá, según los conocimientos de los alumnos, si los invita explícitamente a hacer comparaciones con el inglés, el francés o el italiano, teniendo en cuenta el efecto psicológico en los alumnos que desconozcan estos idiomas. De todas formas, muchas veces será útil relacionar el español con palabras *alemanas* que procedan del latín y/o sean internacionales.

2

Las frases tienen una sola finalidad: El alumno debe conocer los verbos regulares en -ar en las 6 formas del Presente de indicativo. Debe oírlas, verlas y repetirlas, acostumbrándose a que el uso del pronombre personal es superfluo en la mayoría de los casos. Este tipo de ejercicio-input lo ofreceremos cada vez que en la Gramática se presente una parte nueva de la conjugación de los verbos.
Estos ejercicios representan, pues, un importante complemento del texto de la lección.
La indicación «Lesen Sie» también podría ser «Hören und lesen Sie». En este caso, el profesor puede leer en voz alta las frases modelo, pero sin apoyar especialmente en las formas verbales. Les puede decir a los alumnos:
«Hören Sie sich diese Sätze an. Wichtig ist dabei nur, daß Sie verstehen.»
El profesor lee, los alumnos sólo escuchan. Así, el profesor puede modificar ligeramente las frases intentando personalizarlas con gestos o añadiendo el nombre del alumno – un elemento importante en la adquisición del idioma. Podrá decir, por ejemplo:

(Frase del libro)	Frase que dice el profesor:
Estudio español.	(Yo) estudio francés.
¿Tomas café?	¿Tomas café, (nombre de un alumno)?
José estudia inglés.	(Nombre de un alumno), estudia inglés, ¿no?
¿Toma usted café o cacao?	¿Toma usted café o cacao, (nombre de un alumno)?
¿Entramos en la cafetería?	¿Entramos en la cafetería?
¿Ayudáis un poco?	(Haciendo como si tuviera que llevar algo de peso) ¿Ayudáis un poco?
Ana y José estudian inglés.	(Nombres de alumnos) estudian inglés.

Estas sugerencias valen, análogamente, para todos los ejercicios de este tipo.

3

Los alumnos practican por primera vez la primera persona (del singular y del plural). La indicación «Fragen Sie sich gegenseitig und antworten Sie» sugiere que pueden trabajar por parejas, una vez que hayan comprendido cómo funciona el ejercicio. (La misma consigna se repetirá frecuentemente.)
El alumno A hace la primera pregunta, B contesta. B hace la segunda pregunta, A contesta, etc.

4

Dado que los textos de las lecciones son, en general, cortos, añadimos a veces algunas palabras que espontáneamente salen o hacen falta en diferentes contextos.
Las palabras introducidas de esta forma se incluyen en el Indice alfabético. Cuando son palabras que el alumno no entenderá automáticamente ponemos la traducción entre paréntesis.

5

Las preguntas sobre el texto, si el ejercicio se hace oralmente, las hace el profesor. Lo importante es en esta fase que los alumnos comprendan la pregunta, no que formulen contestaciones elaboradas o del todo correctas.

6

Un ejercicio de formas gramaticales: los artículos.
No damos gran importancia al plural del artículo indeterminado, pero en los ejemplos 6-9, el profesor les puede dar o pedir a los alumnos la traducción: unas familias – ein paar Familien, einige Familien, etc.

7

El alumno podrá limitarse a repetir, de memoria, alguna frase del texto o, si quiere, puede inventar nuevas combinaciones. Dejándole esta libertad, se puede sentir más seguro y superará mejor la timidez, frecuente en los alumnos en las primeras clases.

8

a) Completar las palabras que faltan.
b) Ensayar el diálogo por parejas e intentar representarlo.
Cumpliendo con la primera tarea – rellenar los espacios en blanco –, los alumnos se familiarizan con el diálogo. Esto les facilitará la segunda etapa del ejercicio, o sea la representación.

estudio español – no resulta – y francés – el español – un poco – resulta

(Incluimos en las observaciones sobre cada ejercicio las soluciones, si es que existe una solución única y si no nos parece demasiado sencilla, lo cual ha sido el caso en todos los ejercicios anteriores).
Una de las metas – aquí o en las lecciones siguientes – es demostrar a los alumnos que pueden decir sin problema frases compuestas de varias palabras. Pueden superar la dificultad empezando por el final y completando la frase poco a poco:

... difícil, ¿no?
... un poco difícil, ¿no?
... resulta un poco difícil, ¿no?
... el español resulta un poco difícil, ¿no?
... pronunciar el español resulta un poco difícil, ¿no?
Pero pronunciar el español resulta un poco difícil, ¿no?

Este tipo de ejercicio dialogado volverá a darse en la mayoría de las lecciones. Constituye el paso lógico del texto leído a la expresión sencilla y cotidiana en diferentes contextos.

9
Algunas aclaraciones sobre el acento tónico y el acento gráfico en español.

10-11
Ejercicios sistemáticos de audición (10) y de pronunciación (10 y 11). Incluyen conocimientos elementales de geografía del mundo hispanohablante. Usar el mapa esquemático de Latinoamérica que acompaña el texto de la lección o, mejor, un mapa grande, y el mapa de las 17 regiones autonómicas de España y sus capitales.

12
Traducción
En todo el curso, no haremos ejercicios para futuros traductores, pues la traducción es un arte en sí. Lo que sí sugerimos es un tipo de ejercicio concebido para que el alumno se acuerde de algunas palabras y de algunos giros (como «resultar difícil») así como de las estructuras gramaticales básicas de cada lección.

El español (o castellano), el catalán y el gallego forman parte de la familia de las lenguas latinas. El italiano y el francés, también. (Nosotros) estudiamos español. No resulta demasiado difícil. Trescientos millones de personas en el mundo hablan español.

2 Rutas de ayer y de hoy

A El Texto

El profesor puede adelantar en alemán algunas informaciones sobre el contenido:
«Der Autor beschreibt im Stil einer nachdenklichen Reportage seinen Besuch in einem kleinen Ort, der in der Zeit der Römer große Bedeutung hatte. Zuerst spricht er mit einer bestimmten Person, später auch mit anderen Bewohnern des Orts ...».
Repetimos la propuesta de la L 1: que los alumnos escuchen el texto varias veces, leyéndolo el profesor o poniendo la casete. Unas veces sólo escucharán, mientras que otras veces tendrán delante el texto impreso.
Durante pocos minutos de silencio, los estudiantes intentan comprender por lo menos algunos pasajes. Después, entre todos y con la ayuda del profesor, llegarán a la comprensión total del texto.
Algunas palabras/frases se pueden explicar mediante gestos o dibujos.
Para otras se dará simplemente la traducción:
por fin – endlich
todavía – noch
el guarda – der Aufseher, etc.

Igual que en la L 1 recomendamos poner énfasis, en una de las lecturas, en la comprensión de los adverbios y conjunciones:
ayer – hoy – (mañana) – por fin – ya – todavía (no) – después (de) – por la tarde – (por la mañana) – una vez más – al fondo,
Después podríamos repetir algunos adverbios y conjunciones de la L 1:
además de – sobre todo – como por ejemplo – pero – también – por (lo) tanto – un poco – en fin – por fin.
El texto es un ejemplo de que en español, igual que en otros idiomas, el Presente de indicativo puede ser una forma viva para expresar acciones pasadas.

B   La Gramática

1. Los verbos regulares terminados en -er e -ir
Ofrecemos una introducción intensiva de las dos conjugaciones en el Ejercicio 2.
El Ejercicio 3 contrastará las tres conjugaciones regulares. Así que, mirando la página de la Gramática, basta un breve comentario sobre las semejanzas y diferencias:

yo	-o	nosotros	-mos
tú	-as, -es	vosotros	-áis, -éis, -ís
él/Vd.	-a, -e	ellos/Vds.	-n

4. La colocación del adjetivo
La colocación acertada del adjetivo es, sobre todo, cuestión de adquisición inconsciente del idioma, de imitación de muchos ejemplos oídos y leídos. No obstante, para los casos en que el alumno tiene tiempo para pensar (por ejemplo, cuando escribe), las reglas generales pueden ser útiles.
Nos llevaría demasiado lejos mencionar aquí también los casos poco frecuentes como «la blanca nieve», de lenguaje meramente poético.

C   Los Ejercicios

1
Le recordamos el comentario que hacemos en la L 1, Ejercicio 1, respecto a la posibilidad de comparar con otros idiomas y establecer una relación entre el español y el alemán cuando se trata de palabras internacionales.

2
Igual que en la L 1, Ejercicio 2, el profesor/la profesora intenta primero personalizar las frases, asociándolas con las personas presentes en la clase.
El estudiante llega a conocer, en diferentes contextos, las formas personales de los verbos en -er e -ir.

3

El alumno escucha primero las diferentes formas de las 3 conjugaciones regulares, después las lee escuchando y, haciendo la transformación de singular a plural y viceversa, se va acostumbrando al cambio de la sílaba acentuada:

1. llegamos 2. subimos 3. no dependemos 4. pasamos 5. comemos 6. tomamos 7. tomamos 8. hablamos 9. vivís 10. habláis 11. vendéis 12. dependéis 13. tomáis 14. ayudáis 15. vendéis 16. tomáis 17. tomáis 18. vivo, hablo 19. dependo 20. necesito 21. vivo 22. vivo, hablo 23. bebo 24. necesito 25. hablo 26. hablas 27. vendes 28. necesitas 29. vives 30. pasas 31. subes 32. tomas 33. abres

4

El breve ejercicio escrito lleva al estudiante a relacionar los verbos que escoja con la conjugación correspondiente: -ar, -er, -ir.
Las frases se leen en voz alta para que todos las escuchen. Como cada alumno ha escrito unas 10 frases por su cuenta, sale un repertorio amplio de frases que refuerza el efecto del ejercicio.

5 - 6

Los dos Ejercicios emplean especialmente las formas que difieren en los verbos en -er y en -ir.

Al mismo tiempo, se automatiza la correspondencia de las formas verbales en la conversación:

¿tú?   →   yo
¿usted?   →   yo
¿vosotros? →   nosotros
¿ustedes?   →   nosotros

(Ejercicio 5)
1. tomo 2. bebo 3. como 4. llego 5. vivo 6. paso 7. abrimos 8. subimos 9. comemos 10. tomamos 11. bebemos 12. vivimos

(Ejercicio 6)
1. miramos 2. pasamos 3. comemos 4. bebemos 5. abrimos 6. vivimos 7. subimos

7

Otro ejercicio más que practica, en la primera mitad, la forma de vosotros, con terminaciones diferentes en las tres conjugaciones.

1. habláis 2. bebéis 3. vivís 4. pasáis 5. subís 6. llegáis 7. toman/beben 8. comen 9. pasan 10. abren 11. viven

8
Es un sencillo test de comprensión del texto con un repaso de algunas palabras recién aprendidas.
Los ejercicios de este tipo los puede hacer el alumno en dos minutos de silencio, actividad que suele tranquilizarlo a la vez que aumenta la concentración en la clase.

cerca – pequeño – tranquilo – vive – mañana – como – bebo – existen – abrir – edificar

9
Hace ver que la 1ª persona de singular tiene la misma terminación -o en todos los verbos regulares. Al mismo tiempo practica el cambio de persona en la conversación. Se hace en parejas.

1. llego 2. llego 3. paso 4. hablo 5. tomo 6. miro 7. miro 8. como 9. como 10. bebo 11. vivo 12. vivo 13. abro 14. vendo

10 - 11
Ejercicios de artículos. En el segundo, se trabaja sobre todo con sustantivos cuya terminación no indica de qué género son.

12
Repaso de la pronunciación y grafía de algunos fonemas, incluyendo la acentuación.
Las posibles preguntas de los alumnos se pueden contestar brevemente:
ayer, proyecto: En vez de -i- entre vocales se escribe -y-. (La -i- es parte de un diptongo. Pero: le-í-a.)
hoy, ya: En diptongos, al principio y al final de una palabra se escribe y- / -y en vez de i- / -i (Paraguay).
último, Africa, árabe: Son palabras «esdrújulas», o sea que se acentúa la antepenúltima sílaba. (En las letras mayúsculas no se pone el acento.)
paraíso: El acento gráfico indica que no hay diptongo (-rai-), sino dos sílabas independientes: ra-í.

13
Se practican tanto las formas como la posición normal del adjetivo respecto al sustantivo.

(Algunas posibilidades)
tanta gente, tantas palabras, un pueblo famoso, una playa famosa, un pequeño pueblo, una vida tranquila, gente tranquila, una vida contenta, los últimos ejemplos, demasiadas palabras, mucha gente, muchas ciudades, otro bar, otra playa, una vida difícil, unas palabras difíciles

14
Este ejercicio está pensado sobre todo para alumnos que sepan francés o italiano, ya que pueden tener interferencias en las preposiciones a/en.
Atención: El verbo «ankommen» sugiere en alemán la idea de lugar («ankommen – wo? In der Stadt»). En español, «llegar» es un verbo de movimiento, de dirección: «llegar a la ciudad».

1. a 2. en 3. a 4. en 5. en 6. en 7. en 8. en 9. en

15
El ejercicio hace ver la función de unión que tiene «de» entre sustantivos.
«De», en las posibles combinaciones, puede tener diferentes significados. Dos expresiones merecen un breve comentario (o ser traducidos):

«la carretera de Cádiz»:   die Straße nach Cádiz
«la carretera de la costa»: die Straße entlang der Küste

16
Ya en la lectura del texto insistimos en la importancia de comprender algunos adverbios, conjunciones o preposiciones.
Que cada alumno escriba, en silencio – o en casa – algunas frases con las palabras indicadas. Se leen en voz alta para que todos las escuchen.

17
El ejercicio practica los casos elementales de la colocación del adjetivo.

la lengua francesa, turistas ingleses, el emperador romano, la última tarde, una lengua antigua, una palabra desconocida, otro autobús, tanta gente, el último día, pocas personas, tabaco cubano, de origen español, una carretera tranquila, tantos hoteles

18
Cuando las «Preguntas sobre el texto» sirven para controlar la comprensión, se ponen al principio de los ejercicios. Si se ponen hacia el final de la lección, pretendemos que los alumnos hablen del contenido del texto.
En esta fase comunicativa, lo importante no es la forma correcta, sino la comprensión de la pregunta – la puede hacer el profesor – y el contenido de la respuesta.

19
Proceder igual que en el ejercicio 8 de la L 1:
a) Rellenar las lagunas.

b) Ensayar y representar el diálogo.
(Más en adelante, en este tipo de ejercicios se pedirá a los alumnos que intenten «dramatizar» los diálogos libremente, con variantes, ampliaciones, etc.)

en el pueblo – en la playa – en la costa – sin ruido, sin turistas – un paraíso – cerca de

20
Los alumnos vuelven a escribir, de forma resumida y sencilla, el texto de la lección (en tercera persona). Basta con que consigan formular, en un orden coherente, algunas frases del texto que hayan retenido.

21
El texto traducido se podría también representar.

– ¿En qué ciudad vives?
– Yo no vivo en una ciudad. Vivo en un pueblo pequeño y tranquilo.
– ¿Cómo pasas la mañana?
– Paso la mañana en la escuela. Después como algo en la cafetería, tomo café y hablo con la gente. Por la tarde estudio español y francés.

Recordamos la técnica para llegar a decir frases un poco largas, mencionada en el ejercicio 8 de la L 1.

3 Escritores de vacaciones

Los tres escritores que citamos son miembros de la *Real Academia de la Lengua*, que con su *Diccionario* y su *Gramática* se ocupa de los problemas de la lengua castellana, en cooperación con las Academias de los otros países hispanohablantes.

Antonio Buero Vallejo, nacido 1916 en Guadalajara, Castilla-La Mancha (antes Castilla la Nueva), es un autor dramático. Sus obras más conocidas son «Historia de una escalera» (Premio Lope de Vega 1949) y «Las Meninas».

Miguel Delibes, nacido 1920 en Valladolid, Castilla-León (antes Castilla la Vieja), es autor de novelas. 1947 recibió el Premio Nadal por «La sombra del ciprés es alargada».

Gonzalo Torrente Ballester, nacido 1910 en El Ferrol, Galicia, fue crítico de teatro y autor de obras dramáticas antes de dedicarse a escribir novelas. Es Premio Cervantes 1985.

A   El Texto

El profesor puede escribir, en el centro de la pizarra, la palabra «vacaciones», y alrededor de ella, algunas palabras del texto relacionadas con las vacaciones.

Las palabras se explican, como siempre, con gestos o con dibujos. Los estudiantes añaden algunos conceptos que a ellos les sugiera la idea «vacaciones»; pueden decirlos en alemán, y el profesor los pondrá en español.
Después de esta preparación – tanto respecto al contenido general como respecto al vocabulario – la comprensión del texto se conseguirá rápidamente (leyéndolo el profesor o poniendo la casete).

B   La Gramática

1. Verbos con el diptongo -ie-
La acentuación de las sílabas en las diferentes personas del verbo es importante en muchos verbos de irregularidad común (-ie-, -ue-, -i-).

2. Verbos irregulares con -g- en la 1ª persona de singular (I)
Se introduce la mitad de estos verbos. La segunda mitad se presentará en la L 9.

C Los Ejercicios

1
Para variar, ponemos nosotros las palabras que indudablemente comprenden sin más los alumnos.

2
Ejercicio de vocabulario. Lo importante no es una clasificación lógica, sino el conseguir que los estudiantes se concentren en el vocabulario de la lección.

3
Es un ejercicio que presenta las formas verbales con -ie- y las formas con -g-.
Recuerde la posibilidad de personalizar estas frases, combinándolas con mímica en la primera fase de presentarlas el profesor.
La segunda fase es un ejercicio gramatical: transformación al plural.

> 1. entendemos 2. queremos 3. tenéis 4. queremos 5. tenéis 6. (Juan y Miguel) empiezan 7. cierran 8. queremos 9. quieren 10. queremos 11. pensamos 12. quieren 13. ponemos 14. escribimos, tenemos, tenéis 15. tenemos 16. salimos 17. tenemos 18. hacemos 19. ponemos 20. oímos, tenemos

4
Uso de diferentes formas verbales regulares e irregulares.

> 1. tomas 2. pasáis 3. veranean 4. leemos 5. escribe 6. tengo 7. viene 8. hace 9. salgo 10. ponemos 11. pensáis 12. quieres 13. entiende 14. empiezo

5
Preguntas/respuestas en forma de diálogo: ¿Vds.? → nosotros
                                              ¿Vd.?   → yo

> 1. pasamos 2. veraneamos 3. leemos 4. salimos 5. pensamos 6. queremos 7. empezamos 8. entendemos 9. tenemos 10. tenemos 11. trabajamos 12. salimos 13. queremos 14. oímos 15. pasamos 16. oímos

(Singular)
1. paso 2. veraneo 3. leo 4. salgo 5. pienso 6. quiero 7. empiezo 8. entiendo 9. tengo 10. tengo 11. trabajo 12. salgo 13. quiero 14. oigo 15. paso 16. oigo

6
Preguntas/respuestas en forma de diálogo: ¿tú? → yo
(Se practican verbos irregulares de la lección, con -g-).

1.-9. tengo 10.-13. salgo 14.-17. vengo 18.-20. hago 21.-24. oigo 25.-28. pongo

7
Practicar preguntas con las formas del plural: ¿vosotros? y ¿Vds.?

8
Hacer preguntas: ¿vosotros...?, ¿Vds. ...?

(vosotros)
1. tenéis 2. entendéis 3. queréis 4. leéis 5. venís 6. ponéis 7. pensáis 8. tenéis 9. escribís

(ustedes)
1. tienen 2. entienden 3. quieren 4. leen 5. vienen 6. ponen 7. piensan 8. tienen 9. escriben

9
El ejercicio combina, por una parte, un ejercicio de comprensión (ya que sin comprensión no se pueden llenar las lagunas), y por otra, la práctica de los verbos con -ie-. En algunos ejemplos, la comprensión incluye también el aspecto del régimen de los verbos (pensar en, empezar a).

1. piensas 2. entiende 3. empezáis 4. tiene 5. entendemos 6. quieres 7. queréis 8. tenéis 9. quiere 10. piensas 11. queréis

10
El ejercicio es parecido al anterior, de comprensión, pero ofrece también un «input» de las formas verbales con -g-, que se dan ya en las formas que se necesitan.

1.-5. tengo 6. pongo 7. vengo 8. salgo 9. tengo 10. tengo que 11.-13. hago/tengo/oigo 14. tengo 15. hago/tengo/oigo 16. tengo/hago 17.-18. oigo 19.-21. tengo que

11
Ejercicio dialogado que practica la oposición algo/nada. «Algo» se usa tanto en el sentido de «alguna cosa» como de «un poco».
Se trabaja en parejas. El alumno A hace la pregunta número 1, B contesta. B hace la pregunta 2, A contesta, etc.

1. no entiendo nada 2. no quiero nada 3. no pienso en nada 4. no tengo nada de beber 5. no hago nada 6. no oigo nada 7. no descanso nada 8. no estudio nada 9. no miro nada 10. no necesito nada 11. no como nada 12. no tomo nada 13. no tengo nada que hacer

12
Guiados por las preguntas, los alumnos hacen un resumen de las informaciones básicas del texto. Es un ejercicio sencillo que se podrá hacer también por escrito (y en casa).

13
Algunas preguntas personales. Sirven, sobre todo, para repasar el tema de las vacaciones.
El profesor puede aprovechar la ocasión de hablar un poco más sobre el tema, hablando de sí mismo, haciendo preguntas sencillas a los alumnos y comentando sus respuestas.

14
Ejercicio escrito: Aplicación de las cosas aprendidas en la lección, transferidas a la expresión propia personal.

15
De nuevo, se resalta la importancia de algunos adverbios. Como en la L 2, cada alumno escribe en silencio algunas frases con los adverbios indicados. Se leen en voz alta para que todos las escuchen.

16
En los ejercicios del tipo «relaciona las dos partes de una frase» siempre se trata, en primer término, de comprobar la comprensión. Además, puede haber diferentes finalidades en cuanto a vocabulario y/o estructuras gramaticales.
Aquí se trata de encontrar el enlace lógico, o sea:

tengo	→ una cosa	=	ganas
tienes	→ una cosa	=	los apuntes
tiene que	→ infinitivo	=	descansar
piensa	→ (en algo)/hacer algo	=	estudiar
tiene ganas	→ de ...	=	salir

17

El ejercicio de rellenar lagunas en un texto para restablecerlo de forma coherente es todavía difícil a estas alturas, si no nos limitamos a artículos, preposiciones, etc. Por eso indicamos las formas que faltan.
Una vez completado el texto, los alumnos lo ensayan y lo representan, sin necesidad de repetirlo todo literalmente.

vengo siempre – vengo a trabajar – empiezo hoy – no tengo tiempo – tienes tiempo – tengo ganas – pienso en descansar – empiezas a estudiar – tengo tiempo

4   A favor y en contra

Luis Buñuel (1898 - 1982) era director de cine. Pertenecía al grupo de amigos de la llamada «Generación del 27» (ver L 7). Junto con Salvador Dalí realizó en 1928, en París, la película surrealista «Un chien andalou» («Un perro andaluz»). Otras películas suyas son «Los olvidados» (México, 1950), «Viridiana», «Belle de jour», «Tristana», «Le charme discret de la bourgeoisie» (Oscar 1972 para el mejor filme extranjero).

A   El Texto

La comprensión global del texto se facilitará con una pequeña introducción:
«Alles dreht sich darum, was Buñuel mag oder nicht mag, was *ihm* gefällt bzw. *ihm* nicht gefällt.»
Inmediatamente después de haber comprendido un párrafo, los estudiantes – y el profesor, que siempre es útil que hable, comente, pregunte – pueden expresar su parecer personal, practicando automáticamente el contraste de opiniones:
A mí (no) me gusta ...
¿A usted le gusta ... ?
¿Le gusta el Norte?
¿Le gusta el frío?
¿Le gusta el calor?
¿A Vd. qué le gusta más?
¿Le gusta la lluvia?
¿A Vd. le gusta comer temprano?
¿A Vd. le gusta acostarse temprano o tarde?
¿A Vd. le interesa la política?
¿Cree Vd. en los políticos?
¿A Vd. le gusta la puntualidad/ser puntual?
¿A Vd. le gusta llegar tarde?
¿A Vd. le gusta llegar temprano?

¿A Vd. le gusta ir al cine?
¿A Vd. le gustan las películas en la televisión?

B La Gramática

2. El pronombre personal junto al verbo
Trabajando con el texto ya hemos usado *A mí me...* y también *A Vd. le...* (o *A ti te...*). En la Gramática se completan las formas de la 3ª persona en singular. (Las formas del plural vendrán en la lección siguiente.)

3. El pronombre personal (forma preposicional)
Para evitar los cabos sueltos, añadimos aquí las pocas formas del sistema que no salen en el texto: sí, conmigo, contigo, consigo.

4. La forma impersonal: se
Puede Vd. añadir la frase que se ve en algunos escaparates: *Se habla español.*
Evitamos, hasta la L 15, la posible ambigüedad entre la forma impersonal y la pasiva refleja.

C Los Ejercicios

1
El ejercicio controla la comprensión.
Al mismo tiempo, repasa diferentes verbos que expresan diferentes grados de gusto.

1. no 2. sí 3. sí 4. sí 5. no 6. no 7. no 8. sí 9. sí

2
Expresar gusto/interés/disgusto.
El ejercicio es sencillo, pero muy útil para superar la tendencia de algunos estudiantes de decir «* me gusto...», por influencia de verbos como «ich mag ...», «I like ...», «j'aime ...».

3
Ejercicio que ofrece modelos de las nuevas formas irregulares de *ir, dar, ser* en diferentes contextos.

1. vamos 2. vais 3. van 4. voy 5. vas 6. vas 7. damos 8. dais 9. dan 10. somos 11. sois 12. son 13. soy 14. eres 15. es

4

El ejercicio practica tres verbos reflexivos que en alemán no lo son: aufstehen, ins Bett gehen, bleiben. Así, puede contribuir a superar faltas relativamente frecuentes del tipo «*Voy a casa para acostar-se».

1. acostarme 2. acostarte 3. acostarse 4. levantarme 5. levantarse 6. levantarte 7. quedarme 8. quedarse 9. quedarte

5

Formular afirmaciones generales, impersonales (se).

1. se habla 2. se vive 3. se come 4. se cree 5. se necesita 6. se entra 7. se oye 8. se peina 9. se cree 10. se pronuncia 11. se trabaja 12. se oye 13. se depende

6

Hablar de los gustos diferentes de otras personas.

7

Preguntas/respuestas. Se practican los pronombres personales.

1. lo tomo 2. la vendo 3. lo tomo 4. lo paso 5. la hago 6. la tengo 7. la miro 8. la tengo 9. lo necesito 10. la oigo 11. lo leo 12. la tengo 13. lo empiezo 14. lo empiezo 15. lo oigo

8

Se practican los pronombres personales añadidos al infinitivo.

¿Quiere...?
1. hacerlo 2. tomarlo 3. visitarlo 4. tomarlo 5. pasarlo 6. leerlo 7. empezarlo 8. empezarlo 9. hacerla 10. visitarla 11. mirarla 12. oírla 13. mirarla 14. mirarla 15. venderlo

9

Expresar reacciones de ironía o incredulidad en forma de preguntas (empleando la forma enfática del pronombre personal).

10

Ejercicio libre con expresiones sobre gustos, interés, etc.
No hay que considerar este ejercicio como uno de gramática, sino que todas las frases se pueden referir a personas del curso, incluido el profesor.

11
Emplear los verbos *dar*, *ir* y *ser* en un pequeño texto narrativo.

soy estudiante – voy a clase – soy tranquilo – voy temprano – ser puntual – voy a un pueblo – voy con un amigo – va a clase – vamos en autobús – doy un paseo – dar paseos

12
Dar respuestas negativas a una serie de preguntas: nunca, nada.

1. no voy nunca 2. no entiendo nada 3. no leemos nada 4. no nos levantamos nunca temprano 5. no oigo nunca música 6. no tomo nada más 7. no queremos comer nada 8. no voy nunca 9. no comemos nunca temprano 10. no leo nunca 11. no trabajo nunca 12. no damos nunca paseos 13. no tomo nunca apuntes 14. no estudio nada

13
Otro ejercicio que practica los verbos *ser*, *dar*, *ir* en diferentes contextos (2ª persona del plural).

¿Vosotros también ... ?
1. vais 2. vais 3. sois 4. dais 5. sois 6. vais 7. vais 8. dais 9. sois 10. vais 11. sois

14
Expresión de una serie de acciones corrientes de un día.
Los estudiantes deben restablecer un orden lógico de las frases. Lo mejor es que trabajen en parejas o pequeños grupos para poder discutir el orden.
Ofrecerles dos palabras útiles: primero, antes (ya saben: después).

4. – 8. – 2. – 5. – 6. – 7. – 1. – 3.

15
Ejercicio escrito: Expresar gustos diferentes de los de Buñuel, siguiendo como guión el texto de la lección.

16
Completar las lagunas del diálogo e intentar representarlo libremente, con los cambios que se les ocurran. (Ver el comentario referente al ejercicio 17 de la L 3).

a ti te – en el Norte – me gusta – por ejemplo – el bosque – llega el verano – es ya – hasta septiembre – en restaurantes – hablo – me encanta – una vida muy diferente – para mí

17
Traducción
Después de escribir este texto en español, comentar entre todos quién se identifica con qué afirmaciones ...

> Me gusta hacer siempre las mismas cosas. Es una manía que tengo: Me levanto temprano, doy un paseo por la mañana, no llego nunca tarde, no voy nunca a una fiesta, no hablo nunca de política con la gente, como siempre en el mismo restaurante, miro películas en la televisión, oigo música ...

D Comprensión auditiva

En esta lección se presentan los dos primeros ejercicios de comprensión auditiva. Antes o después de hacer estos ejercicios podemos dar una breve introducción a la comprensión auditiva para explicar lo esencial de este tipo de ejercicios.

«Hörverstehen in der fremden Sprache heißt selten, daß man jedes Wort verstehen muß. Meist genügt es, die Aussagen insgesamt, ‹global› zu verstehen. Dabei hilft uns
- alles, was wir ganz allgemein von der Welt wissen (z.b. daß es in Spanien mehr als nur eine Sprache gibt),
- alles, was wir von unserem Gesprächspartner und von der Gesprächssituation wissen (die bei den Übungen immer kurz angedeutet wird), sowie
- unser sprachliches Wissen.
- ein Ohr für den Ton, der eine Rolle für das Verstehen einer gesprochenen Äußerung spielen kann.

Konzentrieren Sie sich also beim Hören der fremden Sprache nicht auf einzelne Wörter, sondern auf den Zusammenhang, den Text.
Die Fragen, die Ihnen zu den Übungstexten gestellt werden (Sagt das der Text? Ja oder nein?), zielen nicht auf unwichtige Details, sondern jeweils auf die wichtigsten Informationen, die der Text enthält.»

El español o castellano
En Castilla y en Andalucía, los españoles hablan sólo una lengua, el castellano.
En Cataluña, en Galicia y en el País Vasco hablan también una lengua propia: en Cataluña, el catalán, en Galicia, el gallego y en el País Vasco, el vasco.
Pero no sólo los españoles hablan castellano. También en América, millones de personas hablan castellano:
- en América del Norte,
- en México,
- en América Central
- y en América del Sur.

En los países latinoamericanos, millones de personas hablan también las lenguas originales: sobre todo el quechua, y el guaraní, que es la lengua del Paraguay.

En Brasil no se habla castellano; se habla portugués.

1. sí 2. sí 3. sí 4. no 5. sí 6. sí

Una andaluza que vive en Galicia
- ¿Está contenta aquí, le gusta Galicia?
- Pues sí, me gusta mucho. Santiago es una ciudad preciosa. Y, en general, Galicia me encanta, sobre todo la costa y las playas ... Pero otra cosa es vivir aquí. Yo soy andaluza, de Córdoba, y, claro, vengo de un sitio de mucho calor, así que Galicia, con tanta lluvia y un clima tan húmedo no es ideal para mí ... Pero, en fin, en cambio, la gente es muy agradable, me entiendo bien con los gallegos, y ahora que empiezo a hablar un poco de gallego, cada vez me siento mejor.

1. sí 2. sí 3. sí 4. no 5. sí 6. sí

Aprovechando la conversación con una andaluza que vive en Galicia, podemos añadir una conversación:
¿Quién de Vds. vive aquí, pero es de otra parte del país?
¿Le gusta la ciudad/la región?
¿Se entiende bien con la gente? ¿Es agradable la gente?
¿Entiende el dialecto que habla la gente?
¿Es ideal el clima de aquí, para Vd.?

5 El disco del consumo

A El Texto

Con una orientación general facilitamos un primer acercamiento al texto:
«In dem Text spricht eine Frau – oder besser: die Karikatur einer Frau –, die immer das Neueste haben will, eine fanatische Konsumentin, *una consumidora fanática*. Welche Elektrogeräte hat sie wohl, unter anderem?»
Los estudiantes pueden decir – en su idioma – posibles electrodomésticos, el profesor va poniendo las palabras españolas en el tablero (añadiendo las del texto si no las nombran los alumnos). Si nombran algo que no viene en el texto, puede apuntar, un poco aparte, la palabra española.
Así, los estudiantes ya entienden parte del vocabulario del primer párrafo.
Después podemos llegar a la comprensión del texto entero, usando los métodos acostumbrados: presentación repetida del texto, gestos, dibujos, traducción de algunas palabras.

los compro todos
todo/todos, como complemento directo va normalmente acompañado del pronombre personal correspondiente: ich kaufe (sie) alle.

gasta dinero en
¿En qué gastas tú el dinero? ¿En cigarrillos? ¿En ir al cine? ¿En libros?

en el fondo
Distinguir entre *al fondo* (de un paisaje, de una foto, L 2) y *en el fondo*: eigentlich, im Grunde ...

B   La Gramática

2. El uso de ser y estar
Todavía no hablamos del posible problema de *estar + adj.* / *ser + adj.*
Pero le recomendamos ya evitar una explicación que se oye frecuentemente y que es falsa en general, aunque haya casos que parecen justificarla: la explicación de que «estar + adj.» indica algo como un «estado pasajero, que puede cambiar». (Ejemplo: El pájaro está muerto.)

C   Los Ejercicios

1
Con estos modelos fijamos las formas de *estar* y sus dos usos fundamentales: ubicación (o presencia) y estados.
Incluimos dos minidiálogos con fórmulas básicas del contacto social: Saludo + pregunta cómo se encuentra(n) otra(s) persona(s). Los alumnos deberían representar estas escenas, ampliándolas un poco.

2
El ejercicio practica las formas de *estar*. Las frases están agrupadas según los dos usos fundamentales: ubicación (o presencia) y estados, para evitar posteriormente la confusión *ser/estar*.

1. está 2. estoy 3. estás 4. estáis 5. está 6. está 7. está 8. está 9. está 10. está 11. estás 12. está 13. estamos 14. están 15. están 16. está 17. están 18. está 19. están 20. están 21. está 22. está 23. está

3
Este repaso del verbo *ser* contribuye igualmente a evitar posteriormente posibles confusiones entre *ser* y *estar*, indicando dos funciones fundamentales de este verbo: hacer definiciones e indicar características.

1. eres 2. eres 3. sois 4. es 5. es 6. son 7. eres 8. es 9. es 10. es

4 - 5

Estos ejercicios continúan un apartado de la lección anterior, la práctica de los dos tipos del pronombre personal: la forma enclítica (junto al verbo) y la forma preposicional. Las frases de la primera parte de los ejercicios se deberían usar dos veces. Una, como indicamos en el libro, para fijarse en los diferentes pronombres. Otra, concentrándose exclusivamente en el contenido, en el mensaje, y añadiendo algo más, por ejemplo: Nosotros queremos comprarnos otra radio. Tenemos una que no funciona. Siempre nos llaman temprano por teléfono. Ellos se levantan muy temprano, pero nosotros, no … . Etc.

(Ejercicio 4)
1. nosotros 2. nos 3. nosotros 4. nosotros 5. nos 6. nos 7. nosotros, nos 8. nosotros 9. nosotros 10. nos

(Ejercicio 5)
1. os 2. vosotros 3. os 4. os 5. vosotros, os 6. vosotros 7. vosotros 8. os 9. vosotros 10. quedaros 11. levantaros 12. prepararos

6

Después de oír y leer una serie de frases «input», se practican las formas del pronombre personal.

1. ellas, las 2. ellos/ellas/ustedes 3. les 4. los, los 5. ustedes, escribirles

7

Después de leer algunos modelos del uso de *otro* y *medio* – con omisión del artículo indeterminado –, los estudiantes emplean las dos palabras en otros ejemplos.
«otro» sale en sus dos acepciones:
a) uno más: otro kilo de café
b) uno diferente: otro vídeo más barato

1. medio kilo 2. otro vídeo 3. otra foto 4. media hora 5. otro libro 6. otra gente 7. otra carretera 8. otra cosa 9. otra vez 10. otra televisión 11. otra vez

8

El ejercicio exige a los alumnos que se fijen en el vocabulario. Hay más de cinco combinaciones posibles en cada uno de los bloques.

9

Las preguntas dan lugar a un repaso del texto de la lección. Los alumnos tal vez quieran comentar la manía de la señora, y habrá que ayudarles con alguna frase adicional: Está loca ...

10
Preguntas sencillas que llevan a la expresión personal del estudiante. La mayoría de los ejercicios suelen provocar soluciones/contestaciones previsibles o, por lo menos, posibles usando las palabras hasta el momento aprendidas. En el caso de algunas preguntas más bien personales que le hacemos al estudiante, provocamos una situación en que le gustaría decir más de lo que, de momento, es capaz de expresar, y hay que encontrar un compromiso entre la motivación y el peligro de la frustración. Si un alumno, a la pregunta de ¿Le gustan los programas que da la televisión? quiere decir que le parecen «langweilig», el profesor le dará la palabra que le hace falta: «son aburridos». Por otra parte, si un estudiante quiere contestar, sin éxito, de una forma mucho más compleja y complicada, el profesor intentará ayudarle para que simplifique sus ideas y llegue, de momento, a una solución lingüísticamente más sencilla que esté a su alcance. Así, el estudiante podrá aprender técnicas de expresar lo esencial de sus ideas con medios lingüísticos reducidos.

11
Diálogo para ser representado, una vez completado.

por favor – no está – soy yo – a casa de – el teléfono – lo tengo

Los alumnos observarán que José, en algunas combinaciones, no sólo es nombre de chico, sino también de chica (igual que María, en algunas combinaciones, es mucho más frecuente en hombres españoles que en alemanes).

12
Traducción

En casa tenemos varios aparatos electrodomésticos. En la cocina tenemos una cocina eléctrica y una nevera. En el cuarto de estar tenemos un televisor y una radio. Creo que al televisor le pasa algo, pero de momento no queremos comprar otro. En casa no vemos mucho la televisión, pero nos gusta oír música en la radio.

D   Comprensión auditiva

Contestador automático
Vd. escucha dos mensajes en el contestador automático.
– Hola, soy yo, Elena. Oye, no tengo muchas ganas de ir al cine después de la clase, tengo que preparar un examen para mañana y tengo que estudiar. Después te llamo otra vez, ¿vale?

– Buenos días, le llamamos de la tienda de electrodomésticos. Ya tenemos aquí la pieza de recambio para la lavadora. ¿Quiere Vd. llamarnos, por favor? Si no nos llama

Vd. hasta el mediodía, el técnico va por la tarde a arreglar la lavadora y a poner la pieza.

1. no 2. sí 3. sí 4. sí 5. sí 6. sí

Después de haber contestado las preguntas del libro, podemos iniciar una breve conversación:
¿Quién de Vds. tiene contestador automático?
¿Es práctico?
¿Por qué lo tiene?
Los otros, que no tienen contestador automático, ¿les gusta «hablar» con un contestador automático? Es un poco impersonal, ¿verdad?...

TEST 1

El Test 1 abarca las lecciones 1 - 5.

1
Los artículos determinado e indeterminado. Formas contraídas: *del* y *al*.

1. el bar, el restaurante, cerca del museo 2. la mañana, el día, el pueblo 3. la tarde, al bosque, un paseo 4. los turistas, la gente, el pueblo, el bar 5.-6. (sin artículo)

2
Adjetivos de una y de dos terminaciones. Plural.

1. apasionante 2. fatal 3. difíciles 5. mucha, mucha 5. vasca 6. muchos franceses

3
Colocación del adjetivo: delante o detrás del sustantivo.

demasiada gente – un escritor gallego – un libro interesante – pocos libros – el último autobús – unas cerillas baratas – un bosque húmedo – una película apasionante – un frío enorme – una cosa muy bella – una chica catalana – un cine barato – los otros libros – mucho dinero – la nevera vieja – el vino frío

4
ser + sustantivo: definición/identificación.
ser + adjetivo: característica importante.

estar: ubicación; presencia; estado.

1. es 2. es 3. está 4. está 5. está 6. es 7. es 8. estoy, estoy 9. está 10. está

5
La 1ª persona de singular de algunos verbos, regulares e irregulares.

1. soy 2. doy 3. voy 4. tengo 5. vengo 6. hago 7. pongo 8. salgo 9. oigo 10. pienso 11. entiendo 12. empiezo 13. quiero 14. vendo 15. dependo 16. quedo

6
Pronombres personales, complemento directo.

1. la 2. lo 3. las 4. los 5. mirarla 6. lo 7. comprarlos 8. lo 9. las 10. comprarlo

7
Pronombres personales, incluyendo pronombres reflexivos.

1. me 2. nos 3. les 4. le 5. os 6. te 7. se 8. me, me 9. nos 10. os

8
Repaso de vocabulario: verbos específicos (en contraste con la expresión alemana); preposiciones y régimen; etc.

1. dar 2. damos 3. forman 4. a 5. resulta 6. a 7. en 8. de 9. de, de 10. de 11. tomar 12. orden 13. viene 14. en 15. en 16. pasa 17. por 18. en 19. todavía 20. a

9
Test que verifica tanto la comprensión del texto – contenido y estructura – como el dominio de algunas de las palabras.
En la frase 18, «Nos compra un aparato nuevo» puede significar, en principio, dos cosas:
nos compra = compra para nosotros, o
lo compra en nuestra tienda = kauft bei uns, kauft uns ab.
Aquí, desde luego, se trata del segundo caso.

1. soy 2. casa 3. veces 4. teléfono 5. me 6. a 7. arreglar/mirar 8. un 9. no 10. quiere 11. hartos 12. a 13. que 14. viejo 15. piezas 16. me 17. da 18. otro 19. estamos

6 Actitud ante las fiestas navideñas

A El Texto

Los estudiantes, con la ayuda del profesor, pueden intentar comprender el texto, línea por línea, desarrollando al mismo tiempo unos criterios generales para distinguir entre un vocabulario receptivo, que basta comprenderlo (acercamiento, múltiple, cabalgata, donativo, etc.), y las palabras útiles para la expresión activa.
Algunos comentarios:
acercamiento (cerca ha salido en la L 1)
derivaciones: a-cercar-se; a-cerca-miento;
-*miento* es, como -*ación*, un sufijo frecuente para formar sustantivos (nacimiento).

buenos sentimientos, generosidad
¿Cree Vd. que la gente es más generosa en Navidad?

personas necesitadas
«necesitado» es un adjetivo más respetuoso que «pobre».

visitar a parientes
El acusativo de personas – con la preposición a – será tema en la L 8. Aquí se puede mencionar el fenómeno sin darle importancia de momento.

ofrecer, conocer (L 5), parecer
En el texto no aparece la única forma irregular. Pero la indicamos en la Gramática: ofrezco, conozco, parezco.

La ilustración
Los Reyes Magos.
Detalle de un retablo de la Catedral de Tortosa, Provincia de Tarragona.

B La Gramática

1. Los verbos con -cer → -zco
Añadimos *nacer*, en el texto sale *nacimiento*.

2. Los verbos con -o- → -ue-
El sistema del cambio de -o- a -ue- es el mismo que en los verbos con -ie- (L 3).
Añadimos *contar* y recordamos *acostarse*, que en la L 4 ha salido sólo en infinitivo.

C Los Ejercicios

1-2

Comparando costumbres de España con las del país propio del estudiante, se repetirán sobre todo las palabras necesarias para hablar de uno mismo y de su ámbito de vida, que es una de las metas importantes al aprender un idioma.

3

La tarea en sí es fácil: comprender las frases para poder poner una de las tres formas: conozco, ofrezco, parezco. Recomendamos al estudiante que prepare la frase en silencio antes de decirla, para poder decirla con cierta soltura.

1. conozco 2. ofrezco 3. parezco 4. conozco 5. conozco 6. conozco 7. conozco 8. conozco 9. parezco 10. conozco 11. ofrezco

4

Preguntas/respuestas con modelos de los verbos *poder* y *acostarse*.

Sí, ... / No, no ...
1. puedo 2. podemos 3. puedo 4. podemos 5. podemos 6. puedes/puede Vd. 7. puedes/puede Vd. 8. puedes 9. puedes 10. podemos 11. me acuesto 12. nos acostamos 13. nos queremos acostar 14. me acuesto 15. me acuesto

5

Ejercicio con el verbo *contar*:
a) en sus dos acepciones de *erzählen* y *zählen*, y
b) en una estructura típicamente española, que no existe en alemán: ¿Te cuento...? Soll ich dir erzählen? (¿Te ayudo?, etc.)

1. cuentas 2. contáis 3. contáis 4. cuento 5. cuentas 6. contamos 7. cuentas, cuento

6

Las frases corresponden completamente al alemán:
que   – der/den, die, das
lo que – was (al principio de la frase, que no es interrogativa)

1. que 2. lo que 3. que 4. lo que 5. que 6. lo que 7. que 8. lo que 9. que 10. lo que 11. que 12. lo que 13. lo que

7

Los alumnos pueden usar libremente las diferentes posibilidades de la comparación del adjetivo: más, menos, tan, tanto.

8
Lo mismo que en el ejercicio anterior, pero con los indicadores de cantidad o intensidad, que son idénticos en español. (En alemán, la intensidad se expresa con *sehr, so sehr, so*: Es gefällt mir nicht so).

9
El dar y apuntar números de teléfono es un ejercicio que recomendamos repetir de vez en cuando, por la importancia que tiene en la realidad.

10
Con este ejercicio de «Relaciona según tus propias ideas» podemos iniciar una conversación con comentarios personales.

11
Diálogo para representar, variándolo libremente.

nos – les – que – pasar – de – para – es – el – la – no – los – en – pasan/pasamos – estamos

12
Ejercicio escrito sobre lo que hacen en Navidad, en Noche Vieja o en las vacaciones de Navidad. Pensar en el dilema reto / frustración... (Ver comentario al Ejercicio 10 de la L 5).
Es posible que echen de menos el pronombre posesivo que todavía no ha salido: mi familia, mis hermanos. Desde luego, no habrá problema en ofrecerles no necesariamente el esquema completo (L 11), pero sí las formas que pidan.

13
Traducción

Queridos Reyes Magos:

Soy una niña alemana y paso las Navidades en una familia española. Yo, en Alemania recibo regalos el 24 de diciembre, pero ahora estoy en España, y aquí, los niños tienen la costumbre de escribirles a ustedes, y yo también lo hago como ellos, porque yo también quiero recibir un regalo el 6 de enero. En realidad, yo quiero una bicicleta nueva. Pero como no es posible, porque yo después no puedo ir a Alemania en bicicleta / con la bicicleta, ustedes tienen que regalarme cosas pequeñas. Por ejemplo: ¿Pueden ustedes regalarme libros para niños o casetes de música o chocolate? Son cosas que también me gustan mucho. Muchas gracias.
Si tengo suerte, espero verlos el 5 de enero por la noche...

Un beso de   Monika

D Comprensión auditiva

Una encuesta
Vd. escucha lo que un joven contesta en una encuesta.

- Hacemos preguntas para una encuesta ... ¿Puedes decirnos algo sobre la Navidad? Concretamente la pregunta que hacemos es: ¿Qué cosas te hace sentir la Navidad?
- Uy, a mí, sentir, sentir, no me hace sentir mucho, pero, la verdad, para mí son unas fiestas simpáticas, que me gustan, no sé qué decirte, alegres ... En casa somos muchos de familia y, por ejemplo, el día de fin de año, hacemos una fiesta en casa todos los años con todos los amigos y luego salimos todos por ahí, un poco en plan de discotecas, y lo pasamos fenomenal. No sé si es una respuesta así lo que quieres, porque claro, no es lo que tú me preguntas, lo que me hace sentir la Navidad, pero ya te digo ...

1. sí 2. sí 3. sí 4. sí

Como la comprensión auditiva puede ayudar mucho a aprender nuevas palabras y expresiones – tanto en contacto con nativos como en la clase –, podemos pedirles a los alumnos que en una segunda o tercera audición se fijen en tales expresiones, independientemente de si están seguros o no de haberlas entendido, más o menos. Sería interesante que se mencionaran:
fiestas simpáticas
todos los años, todos los amigos
por ahí
lo pasamos fenomenal

7 Cartas

Federico García Lorca (1898 - 1936) es conocido por sus poesías («Romancero gitano») y dramas («La casa de Bernarda Alba», «Bodas de sangre» y otros muchos más). Junto con Rafael Alberti (L 10), Dámaso Alonso, Gerardo Diego, Vicente Aleixandre, Luis Cernuda y otros pertenecía a la llamada «Generación del 27». En 1927 se celebró el aniversario de la muerte de Luis de Góngora (1561-1627), y todos ellos participaron en el homenaje que se celebró, descubriendo de nuevo el lenguaje poético de Góngora, lleno de imágenes, como reacción al lenguaje sobrio de la «Generación del 98» (L 8).
El asesinato de Lorca, a comienzos de la guerra civil española (1936-1939), a manos de fuerzas fascistas, fue motivo de gran conmoción.

A Los Textos

Lorca encabeza las dos cartas de forma diferente, una vez llamándole por el apellido (Zalamea) y otra por el nombre (Jorge). El llamarse por el apellido no es infrecuente entre compañeros que estudian en el mismo centro, o entre jóvenes que hacen el servicio militar, a pesar de tutearse. El «don Jorge» es, en este caso, una broma entre amigos.

A veces, la «gramática» descubierta por el alumno mismo vale más que la presentada por el profesor. Podríamos iniciar la clase así:
«In den beiden Briefen, vor allem im zweiten, kommen einige bekannte Verben in einer neuen Form vor. Finden Sie diese Formen. Was können oder müssen sie bedeuten?»

es la hora de visitar...
«Hora» no es, aquí, una hora determinada del día, sino el momento adecuado.

lo he pasado mal
lo podría referirse, en teoría, al verano. Pero se trata de un giro – pasarlo bien/mal – en el que *lo* no se refiere concretamente a un sustantivo.

últimamente
Los adverbios en -mente son tema en la L 8. Como último ha salido en la L 2, aquí se comprende fácilmente.

una actividad de fábrica
Lorca quiere decir que trabaja sin parar, regular y diariamente.

me lanzo a una bacanal de carne y de risa
«Ich stürze mich ins volle Leben (ein Bacchanale von Sinnlichkeit und Lachen).»

Oriente sin veneno, Occidente sin acción
Lorca ve en Granada una gran síntesis de Oriente y el mundo occidental.

no estoy bien ni soy feliz
A veces se usa también *estar feliz*, análogamente a *estar contento*.

veo la sierra
Ver se mencionará, como verbo irregular, en la lección siguiente. Por la analogía con *leo*, los alumnos no se darán cuenta aquí de que se trata de una forma irregular (ve-o, en vez de v-o).

un abrazo cariñoso
Al final de la lección indicamos algunas otras fórmulas para empezar y terminar cartas de diferente tono.

La ilustración
Lorca no sólo fue poeta, sino también músico y dibujante. Ilustraba frecuentemente sus cartas y tarjetas a los amigos con dibujos. En la carta a Zalamea dibuja la Alhambra de Granada, que también es parte de «uno de los panoramas más bellos de Europa» (aunque el aspecto exterior de castillo árabe no deja ver la riqueza artística de sus salas, sus patios y sus fuentes).

B   La Gramática

1. El Participio (formas regulares)
Las formas irregulares saldrán en la lección siguiente.

2. El Pretérito perfecto compuesto
La indicación de que el Participio es invariable en combinación con *haber* es importante para alumnos con conocimientos de francés (Les lettres, je les ai écrites).
Sabemos que en la enseñanza del español hay un dilema: Los tres pretéritos – el simple, el compuesto y el imperfecto – no pueden introducirse al mismo tiempo. Así, existe el riesgo latente de que en el alumno se vaya formando una idea equivocada respecto al primer pasado que aprende. A los tres pasados del español les corresponden sólo dos en alemán, que además se usan de forma diferente en diferentes regiones de habla alemana. A todo esto hay que añadir las diferencias que existen en el uso del Pret. perfecto simple y el Pret. perfecto compuesto entre España y América Latina.
Por todo esto, es importante la explicación que damos en la Gramática: El Perfecto compuesto expresa una acción que tiene para el hablante una relación con el momento presente. También en las introducciones a los diferentes ejercicios y en los ejemplos de los mismos intentamos cada vez de nuevo dar una idea clara de lo que significa el Perfecto compuesto.
El «momento presente» a que se refiere el hablante puede formar parte de un espacio de tiempo breve o largo: el día de hoy, la semana (el mes, el año) en que estamos, la vida (que no ha terminado).

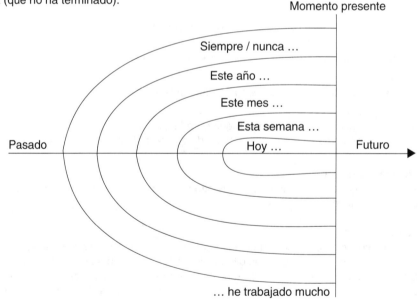

Así, «Nunca he estado en Marruecos» o «He estado varias veces en Marruecos» quiere decir que el hablante, en su vida, o sea «hasta el momento presente» (no) ha estado en Marruecos.

3. **hay que – man muß**
«hay que» no sale en la carta de Lorca. Pero como él usa «se necesita tener», parece lógico introducir aquí la forma más corriente que es «hay que».

4. **bueno, malo, alguno, ninguno; grande**
No entramos aquí en el capítulo de los posibles matices de *grande/gran* según se ponga delante o detrás del sustantivo.

6. **Preposición + Infinitivo**
al + Infinitivo y sin + Infinitivo se introducirán en la L 9.

C   Los Ejercicios

1
Ejercicio sencillo de comprensión del texto. Los alumnos pueden citar las frases de la carta que confirman o desmienten las afirmaciones propuestas.

1. no 2. no 3. no 4. sí 5. sí 6. no 7. sí 8. no 9. no

2
Al alumno se le presentan muchos ejemplos de las nuevas formas verbales (Perfecto compuesto).

a) Presentación auditiva (profesor o casete), sin leer. Decirles que se concentren exclusivamente en la comprensión del contenido.
b) Presentación auditiva + lectura: oír + ver.
c) Hablar el texto como contándolo de un amigo.

ha empezado mal el día – se ha levantado – ha tomado – ha llegado tarde – ha dado un paseo – ha estado – ha comprado – ha entrado en una tienda – ha mirado – ha comprado.
ha descansado – ha salido – ha ido – le han cerrado – no ha podido comprar – ha ido – ha oído – se ha acostado temprano.

3-4
Preguntas/respuestas en Perfecto compuesto. En el Ejercicio 4 se añade un pronombre personal.
Modificando ligeramente las frases, el profesor podrá personalizar perfectamente la mayoría de ellas, o sea relacionarlas con las personas de la clase: ¿Has venido en autobús hoy, María?

(Ejercicio 3)
1. has ido, he ido 2. has subido, he subido 3. has venido, he venido 4. has salido, he

salido 5. has llegado, he llegado 6. has sido, he sido 7. has ido, he ido 8.-12. has estado, he estado

(Ejercicio 4)
Sí,... / No, no...
1. la he estudiado 2. lo he tomado 3. las he comido 4. lo he visitado 5. las he mirado 6. la he leído 7. lo he oído 8. la he entendido 9. he pensado en ella 10. la he preguntado 11. la he empezado 12. lo he contado 13. lo he recibido 14. lo he pasado bien 15. la he visitado 16. lo he recibido 17. la he preparado 18. he pasado un mal día/lo he pasado mal

5
Ejercicio de expresión libre, con empleo del Perfecto compuesto.

6
«Relaciona». Sirve para ver las formas apocopadas del adjetivo – buen, mal, algún, ningún – en contraste con las formas femeninas. Así se combina la comprensión general con un «input» adicional de estas formas.

7
Usar *todo el*, *toda la*, etc.
Hay varios ejemplos con *día/días*, para que los alumnos vayan asimilando mejor que *el día* es masculino.

1. todo el día 2. todos los días 3. toda la tarde 4. todas las personas 5. todos los amigos 6. todo el Norte 7. todos los discos 8. toda la Navidad 9. todas las cartas 10. todos los veranos 11. toda la vida 12. todos los conflictos 13. todas las sorpresas 14. todos los días 15. todo el día 16. todos los españoles 17. todos los turistas 18. todo el tiempo

8
Aprovechamos las frases de Lorca sobre el tiempo para completar este campo semántico, añadiendo algunas preguntas que nos llevan a la expresión libre.

9
«Relaciona». La comprensión del contenido tanto de las preguntas como de las contestaciones es lo esencial. La estructura *para + Infinitivo* se adquiere inconscientemente.

10
Los alumnos usan libremente *para + Infinitivo*. El profesor comentará las contestaciones para redondear:
– ¿Para qué abres la botella ahora?
– Para beber.

- Ah, yo también quiero beber algo …
Etc.

11
Expresar opiniones y emociones personales. No hacer el ejercicio a secas, sino hacer más preguntas, comentarios, etc.

12
Situaciones imaginadas en las cuales *hay que* hacer algo. Ejercicio de imaginación y expresión libre.

13
Expresión medio guiada, medio libre, personalizando algunos pasajes de las cartas de Lorca.

14
Hablar de o indicar precios.

15
Indicar y apuntar números de teléfono (practicando los números hasta 100).

16
Traducción de una carta personal

Querido amigo:

Hoy he recibido una carta de Marta. Ha sido una sorpresa para mí. Escribe desde Granada. Ultimamente lo ha pasado muy mal. Me parece que ha tenido muchos problemas. Ahora está bien, y a pesar de todo le gusta la nueva actividad que tiene ahora. Es feliz. ¡(Ella) es una persona increíble! Si quieres escribirle, te puedo decir la nueva dirección que tiene en Granada, porque en la carta habla de ti y pregunta cómo estás. En otoño quiere venir a Cádiz para visitarnos.

Un abrazo,   Alfredo

17
Presentamos, sin tarea concreta, algunos encabezamientos y saludos corrientes en cartas de diferente índole: las dos primeras, dirigidas a amigos; las dos últimas, formales.

D   Comprensión auditiva

Por Andalucía
Vd. le pregunta a un amigo qué tal está.
- Hombre, ¿qué tal?
- Bien ... He pasado unos días en Andalucía. Primero he estado por la costa, en Almería, y en Málaga, hasta llegar a Algeciras. Y luego, desde allí hemos ido hacia el interior: hemos pasado por Ronda, y luego ya hemos subido hacia Sevilla, Córdoba. No hemos podido ir a Granada, pero pensamos ir otra vez con más tiempo, y ver muchas cosas más. Nos ha encantado todo. Ha sido un viaje increíble, pero desgraciadamente muy corto y con un calor horrible.

1. sí 2. sí 3. no 4. no 5. no 6. sí

Alternativamente a las preguntas del manual podríamos darles a los alumnos un mapa rudimentario de Andalucía, indicando en él las ciudades de Almería, Málaga, Algeciras, Cádiz (como distractor), Ronda, Sevilla, Córdoba y Granada, pidiéndoles simplemente que marquen la ruta del viaje de su amigo.

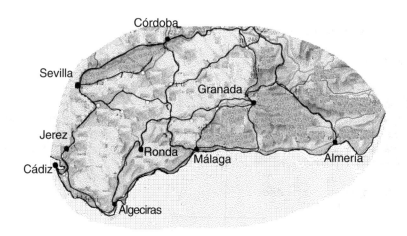

Si tiene Vd. algunas fotos de Andalucía, podría enseñarlas, para dar una idea más concreta de las ciudades mencionadas (añadiendo una foto de uno de los «pueblos blancos»).

8 Un flechazo

Azorín (seudónimo de José Martínez Ruiz) nació en 1873 y murió en Madrid en 1967. De ideas revolucionarias de joven, luego sería un publicista conservador. Sus temas preferidos: el hombre, las ciudades y los paisajes de España. Obras conocidas: «Los pueblos» (1905); «La ruta del Quijote» (1905); «Castilla» (1912). El texto es un ejemplo típico del estilo de Azorín: frases cortas y concisas.

A   El Texto

Muchas palabras son ya conocidas, también las raíces de otras, o se pueden deducir del alemán (o de otros idiomas). Los alumnos pueden intentar leer el texto y expresar suposiciones respecto al sentido de las palabras que desconocen. En una segunda lectura se aclaran las palabras que probablemente siguen sin comprender los alumnos: de pronto, pájaro ...
Como siempre, el escuchar la casete puede ser una gran ayuda, ya que muchas cosas las entendemos con más facilidad oyendo el tono y la entonación que les da el buen locutor nativo.

La ilustración
Rafael Esteve (1772-1847), grabador oficial del rey de España, fue amigo personal de Goya. El «Amor maligno» es un grabado que reproduce un cuadro de un pintor italiano.

B   La Gramática

1. Verbos irregulares: saber, ver
La forma *veo* ha salido en la L 7, pero sin explicación.

2. Los Participios irregulares
El texto contiene los participios *visto* y *vuelto*. Según la concepción general de este método completamos este capítulo con los Participios irregulares más importantes, que se presentarán contextualizados en los ejercicios.

3. El complemento directo (acusativo) de persona
A lo mejor Vd. ha explicado ya este fenómeno en la L 6: visitar a parientes (pero: visitar una ciudad).

C   Los Ejercicios

1

Con los cambios del texto propuestos, los alumnos traspondrán el texto literario de Azorín a nuestro mundo vulgar y corriente.

2 - 3

Los ejercicios repiten el tema del texto, con variaciones. (Participios regulares e irregulares).

> (Ejercicio 2)
> ha entrado – ha visto – se ha clavado – se han clavado – es – es – es – es – es – es – se han enamorado

4

Otro ejercicio para acostumbrarse a los participios irregulares, con una sencilla transformación del verbo *haber*.

5

El ejercicio emplea los mismos verbos que el 4, pero los alumnos ya dan el paso del Infinitivo al Participio/Pretérito perfecto compuesto.

6

Frases corrientes con las diferentes formas de *saber*.

> 1. saber 2. sabe 3. sabes 4. sé 5. sabe 6. sabemos 7. sabéis 8. sabemos 9. sabe, sabe 10. sé 11. sé 12. sabe, sé

7

Frases corrientes con las diferentes formas de *ver*, inclusive participio.

> 1. veo 2. ve 3. visto 4. ves/ve Vd. /veis 5. ve 6. ves/ve Vd./veis 7. ve 8. visto 9. visto 10. visto

8

Recuperamos algunas expresiones de lecciones anteriores para usarlas en Perfecto compuesto.

9

Este ejercicio del tipo «Relaciona» ofrece modelos de adverbios en *-mente*.

10

Distinguir entre complemento directo (acusativo) de persona – con a – y de cosa. Se puede mencionar, como diferencia del español con respecto a otras lenguas, la posibilidad de personificar ciudades, animales, etc.: Quien no ha visto a Granada, no ha visto nada ... He llevado al perro de paseo.

1. al 2. a 3. - 4. a, a 5. –

11

Ejercicio de artículos, como repaso de algunos sustantivos que por su terminación no permiten saber automáticamente su género o que tienen un género distinto al que tienen en alemán (el millón), por lo que se prestan a confusión.

1. El poeta habla del sol, del aire, del agua, de los árboles. 2. La señora del disco habla de las radios, los televisores, los problemas ... 3. El guarda, en el bar, habla de los turistas, de la gente del pueblo, de la ciudad, del emperador. 4. Lorca habla del día, de la parte de Granada ..., de los problemas, de los últimos meses. 5. La encuesta habla de los porcentajes o de lo que hacen las personas el fin de año. 6. El escritor habla del orden y del sistema ...

12

Hacer comparaciones indicando el mismo grado de gusto o rechazo: tanto ... como ... / ni ... ni ...

13

Además de introducir los nombres de los días de la semana, ponemos el ejemplo de «los martes», que indica que algo se repite con regularidad ese día de la semana. En alemán, singular: am Dienstag (o, menos frecuente, adverbio: dienstags).

14
Traducción

Hoy, por la mañana, he conocido a una chica interesante. La he conocido en una cafetería. (Ella) no es de aquí, y hemos hablado un poco. Me ha gustado mucho. Luego he ido a una tienda y la he visto en la tienda, y después he ido a la librería y la he visto en la librería, y por la tarde / por la noche he ido al cine ... y de pronto, sin saber por qué, he vuelto la cabeza y la he visto. La he mirado, y ella me ha mirado ... «Es increíble, ¿no?», ha dicho ella ...

D   Comprensión auditiva

Las dos expresiones que los alumnos posiblemente no conocen – su madre, doy con ella (la localizo) – no impiden la comprensión global y la contestación a las preguntas del manual.
¿Sabes algo de Inés?
Vd. pregunta a alguien por una amiga común, Inés.
– Pues mira, desde que he vuelto de las vacaciones no la he visto todavía. Sé que ella también ha vuelto porque la he llamado por teléfono y me ha dicho su madre que está aquí. Pero de momento está muy poco en casa y cada vez que la llamo no está. Así que ya no la llamo más. Pero a ver si por fin doy con ella y salimos una noche con ella...

1. sí 2. sí 3. no 4. sí 5. no

9   El milagro

Julio Cortázar (1914 - 1984) es, con Jorge Luis Borges (L 20) y Ernesto Sábato, uno de los tres escritores argentinos más conocidos. En 1951 se fue a vivir exiliado a Francia. Su novela más famosa es «Rayuela».

A   El Texto

Muchos pasajes del texto se pueden explicar señalando objetos o valiéndose de gestos y de la mímica:
– caérsele al suelo
– anteojos/gafas
– chocar
– agacharse
– cristales
– con asombro
– estuche de cuero

Otras palabras se explican fácilmente mediante sinónimos ya conocidos:
– afligido: triste
– costar caro, ser caro: costar mucho dinero
– descubre: ve
– se siente agradecido: da las gracias «al cielo»
– lo ocurrido: lo que ha pasado
– de modo que: así que

- se encamina a: va a
- sin inquietud: tranquilamente
- se han hecho polvo: se han roto
- le lleva un rato: necesita algún tiempo para
- ha ocurrido ahora: ha pasado ahora

Queda un pequeño resto que se explica con una traducción:
- baldosa: Fliese
- por milagro: (wie) durch ein Wunder; zufällig
- una advertencia amistosa: ein freund(schaft)licher Hinweis
- ¡almohadillado doble protección! (forma abreviada de publicidad, en vez de almohadillado de doble protección): doppelt gepolstert

Para explicar las frases de *se le cae, se le ha roto* puede Vd. recurrir al apartado 3 de la Gramática.

B La Gramática

1. Verbos irregulares con -g- (II)
La primera parte de estos verbos ha salido en la L 3: tengo, vengo, hago, pongo, salgo, oigo.

2. Verbos de irregularidad común: e → -i-
A primera vista podríamos decir que los cambios se producen en las mismas formas que en los verbos con -ie- y con -ue- (o sea, las formas que llevan el acento tónico en la raíz del verbo, no en la terminación).
Pensando, sin embargo, en las formas del Gerundio y del Pret. perfecto simple (pidiendo, pidió, pidieron), más vale decir que el cambio se produce en las formas «deren Endung kein -i- enthält». (Más tarde añadiremos que «pidiendo, pidió, pidieron enthalten in der Endung kein selbständiges -i- und folgen deshalb derselben Regel wie im Präsens»).

3. Usos del pronombre reflexivo
Para asimilar bien esta estructura interesante del castellano ofrecemos una serie de frases en el Ejercicio 1.

4. El pronombre y el adjetivo demostrativos
El alemán no conoce la diferencia entre pronombre y adjetivo demostrativo. Así no usamos este último término, aunque de los ejemplos indicados, sólo *esto, eso* sean pronombres.

5. Preposición + Infinitivo (II)
En la L 7 ha salido *para + Infinitivo.*

C Los Ejercicios

1

El pronombre reflexivo se usa en español de muchas formas diferentes. Para comprobar que los alumnos de verdad captan los diferentes matices, parece aconsejable hacer en este ejercicio una excepción pidiéndoles una traducción de cada una de las frases: Es hat viel geregnet. – Ich bin hingefallen. – Sie ist hingefallen. – Die Bücher sind (von selbst) hinuntergefallen. – Er ist hingefallen. – Ich bin hingefallen. – Wenn du mir nicht hilfst, falle ich hin (también: Ach, fast wäre ich hingefallen!).
Die Papiere sind ihm hinuntergefallen. – Dem Jungen fällt immer alles hinunter. – Es ist mir alles hinuntergefallen, tut mir leid. – Die Flaschen sind mir hinuntergefallen und (sie sind mir) kaputtgegangen. – Ist Ihnen/ihnen etwas hinuntergefallen? – Du hast ein wenig Kaffee verschüttet (er ist dir hinuntergetropft). – Juan ist eine Scheibe im Auto kaputtgegangen.

1. me 2. se 3. se 4. te 5. se 6. se, me 7. se 8. les 9. te 10. le 11. se, me

2

En el ejercicio salen sobre todo verbos con -g-, como modelos que se adquieren de forma natural.

3

Uso del verbo *pedir -i-*. Señalamos la estructura sintáctica, diferente del alemán:
¿Por qué me pides una cosa así?
Warum bittest du mich um... Warum verlangst du so etwas *von* mir?

1. pido 2. pides 3. pide 4. pide 5. pedimos 6. pedís 7. piden

4

«Input» que reúne todos los verbos hasta ahora conocidos con -i-, incluyendo *decir*.

1. pedimos 2. servimos 3. reímos 4. seguimos 5. vestimos 6. repetimos 7. decimos 8. pido 9. sirvo 10. río 11. sigo 12. visto 13. repito 14. digo

5

-ísimo. (En el número 8, se produce el cambio ortográfico de *poco* a *poquísimo*).

1. tristísimo 2. carísimo 3. agradecidísimo 4. carísimas 5. muchísimo 6. tranquilísimo 7. contentísimo 8. poquísimo 9. me ha llevado muchísimo

6
Preguntas sobre el texto para reconstruir, más o menos, el texto, repasando vocabulario y alguna estructura gramatical.

7
Contamos con la imaginación de los alumnos después de haber leído un texto que puede provocar ideas o asociaciones distintas.

8
Ejercicio escrito que recupera para la expresión personal algunas frases y palabras del texto.

9
El ejercicio reúne las tres estructuras Preposición + Infinitivo hasta ahora presentadas.

1. al salir 2. al abrir 3. para poder hablar 4. sin saber 5. sin decir 6. para buscar 7. para descubrir 8. al chocar

10 - 11
En las introducciones a los dos ejercicios insistimos en el diferente significado que tienen *este/ese*: poca distancia/más distancia del que habla.

(Ejercicio 10)
1. estas 2. esta 3. esta 4. este 5. este 6. esta 7. esta 8. este 9. este 10. este 11. este 12. esta

12
Diálogo que se presta para un juego de roles. Como no se trata de repetirlo literalmente, ni mucho menos, se puede representar varias veces, inventando nuevas variantes.

unas gafas – son de plástico – tan baratas – más caras – para esta semana – que tiene – en agosto – creo que

Proponemos que esta escena – y otras parecidas en otras lecciones – no se representen de forma muy seria, que es como se graban mejor en la memoria.

13
Traducción que cuenta, más o menos, la historieta del «milagro».

Hoy hemos leído un texto de un señor que está afligidísimo/tristísimo porque se le han caído las gafas/los anteojos al suelo. Después, el señor va a una tienda de óptica y compra un estuche muy caro para las gafas. Una hora más tarde se le cae al

suelo el estuche con las gafas. Al agacharse, este señor descubre que las gafas se
han hecho polvo totalmente. Piensa que esta vez ha ocurrido un milagro ...

D   Comprensión auditiva

Podemos preguntarles a los alumnos si les llama la atención algo especial en el habla
del locutor (argentino).
El texto de Ernesto Sábato se presta para preguntar, al pasar una vez más la casete,
qué expresiones nuevas recuerdan los alumnos o les llaman la atención (independientemente de si las entienden o no). Así, podrán comprender y aprender:
típico
por primera vez
anuncios comerciales
¡qué barbaridad!
estar lleno de
el recuerdo

Ernesto Sábato habla de Argentina
Ernesto Sábato, escritor famoso y argentino como Julio Cortázar, nacido en Rojas, dice algunas cosas de este pueblo.
– Argentina es un país de emigración, y Rojas es un pueblo típico de la provincia de Buenos Aires, con nombres españoles, italianos, franceses, alemanes, eslavos, tantos nombres italianos ... Por eso el argentino que llega a Italia y ve por primera vez las tiendas y los anuncios comerciales con nombres como Repeto, Molinari y otros, puede pensar, como yo, la primera vez allí, «¡Qué barbaridad, Italia está llena de argentinos!» ...
Pues bien, como digo, Rojas es un pueblo típico de la Pampa, y así se me ha quedado para siempre en el recuerdo ... Porque la gran nostalgia argentina que yo siento es siempre de la Pampa, la nostalgia de un pequeño pueblo de la Pampa, nunca la de una ciudad como Buenos Aires ...

1. sí 2. sí 3. sí 4. no 5. sí 6. sí

Un vídeo
Vd. le pregunta a un amigo por un vídeo.
– Oye, tú tienes la película «Carmen» de Saura tomada en vídeo, ¿no? ¿Me la puedes dejar unos días?
– Pues es que de momento no la tengo, la tiene Juan. Pero, si te interesa, como lo veo por la tarde, le digo que la quieres tú y ...
Bueno, también lo puedes llamar por teléfono tú mismo y decirle que has hablado conmigo ... Ahora vive en otra casa, pero tiene el mismo número de teléfono que antes ...

1. sí 2. no 3. sí 4. sí 5. sí 6. no

10 Balada de la bicicleta

Rafael Alberti (1903 -) es uno de los poetas de la llamada «Generación del 27» (ver Lorca, L 7). Sus poesías («Marinero en tierra») tienen humor y gran musicalidad. La «Balada de la bicicleta con alas», de la que presentamos un fragmento, la escribió en Roma, estando en el exilio durante la época de Franco.

A   El Texto

Podemos preparar la lectura de la poesía con una breve introducción que invita a los alumnos a imaginarse algunas ideas de una poesía que empieza igual que la de Alberti: «Wir werden ein Gedicht von Rafael Alberti hören/lesen, das er im römischen Exil zu seinem 50. Geburtstag geschrieben hat ... Woran könnte ein Mensch denken, der gerade 50 Jahre alt geworden ist?»

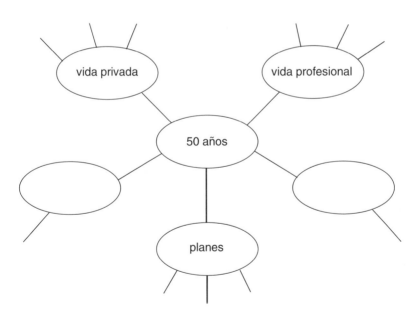

Lección 10

En una rápida lluvia de ideas, permitiendo el uso del alemán, podrían salir tres ideas fundamentales:
- Lo que (no) ha conseguido en la vida personal.
- Lo que (no) ha conseguido en su vida profesional.
- Lo que piensa hacer en los años que vienen.

Según nuestra experiencia con el texto, los alumnos llegan a entender lo esencial de la primera parte prácticamente sin ayuda del profesor.
Dejarles que hablen, en pequeños grupos y estrofa por estrofa, sobre lo que pueden significar algunas palabras que desconocen todavía. En cada estrofa, confirmar – o corregir – lo que creen haber entendido.

un yate
yate/Yacht: Es un buen ejemplo de la tendencia general del español de evitar la aglomeración de consonantes.

innumerables
Los alumnos conocen la negación *in-* y el sustantivo *número*.
Ejemplos de *-able*, *-ible*:
innumerable: que no se puede contar
comparable: que se puede comparar
visible: que se puede ver
Este tipo de aclaración no funciona siempre: probable, amable, posible, etc.

desterrado
un desterrado, «ein von seiner Heimat (tierra) Getrennter, Verbannter». Podemos comentar *des-* como prefijo que significa negación (desconocido), contrario (descanso, descansar, descubrir) o separación (desterrado). (Todavía no conocen: agradable/desagradable).

B   La Gramática

1. El uso de *estar* y *hay*
El problema *estar/hay* no está, para el alumno germanófono, en frases como la de la poesía:
Hay muchos que tienen ... Es gibt viele, die ...
La interferencia ocurre cuando el alemán usa el verbo «sein»: Hier ist ein Museum. Dort sind drei Plätze frei.

2. La hora
La poesía de Alberti no habla de la hora, pero usa una idea análoga:
a los 50 años = después de haber transcurrido 50 años (de la vida)
a las tres   = después de haber transcurrido 3 horas (desde el mediodía)
Podríamos añadir algunas expresiones más:
a estas horas   um diese Zeit
a esta edad   in diesem Alter

3. Preposiciones

Es útil que los alumnos capten que existen dos posibilidades básicas de usar una preposición:
- en su acepción propia, o sea con explicación posible, y
- en una combinación fija (con un verbo, con un sustantivo, etc.), sin explicación posible en muchos casos.

De lo cual se deduce que estas combinaciones hay que aprenderlas simplemente sin buscar el porqué del uso de una preposición u otra.

C Los Ejercicios

1
Preguntas sencillas sobre el texto, cuya contestación puede llevar a una nueva lectura de la poesía.

2
Ejercicio que reúne vocablos de diferentes lecciones que pertenecen al mismo campo semántico (grupo de palabras que pertenecen al mismo tema).
- tráfico y medios de transporte (excepción: labio)
- naturaleza (excepción: desterrado)
- escribir y escritor (excepción: revolución)

El aprendizaje se facilita estableciendo relaciones de diferente índole entre los elementos aprendidos.

3
Este repaso de adjetivos es al mismo tiempo un ejercicio para distinguir entre *ser* y *estar* (característica / estado).

4
estar/hay
En algunas frases sale *hay* en el sentido de «es gibt», sin problema para los alumnos; en otras, en el sentido de «ist». En estas últimas, el artículo – determinado o indeterminado – les indicará claramente si hay que emplear *estar* o *hay*.

1. hay 2. está 3. están 4. hay 5. está 6. hay 7. están 8. hay 9. hay 10. hay

5
Lectura (en voz alta): números.

6
La hora. El profesor puede, aparte de este ejercicio, preguntar de vez en cuando qué hora es. Igual que el uso de los números, la indicación (y la comprensión) de la hora

Lección 10   57

debería ser un tema recurrente. Otro tema de este tipo es una pregunta que los alemanes frecuentemente entienden mal:
- ¿Qué día es hoy? – El quince. (No: Viernes.)

7
Preguntas/respuestas referentes a la vida cotidiana de los alumnos.

8
«Relaciona». Es, como siempre, un ejercicio de comprensión. Suponemos que la parte gramatical (preposiciones *a* y *en*) se adquiere más bien inconscientemente.

9
Darse cuenta del contraste entre dos preposiciones:
en (lugar, ubicación) y
por (lugar, región, en combinación con verbo de movimiento).
En este caso sí llamamos la atención sobre las preposiciones, que presentan un problema contrastivo.

10
Frases corrientes. Las preposiciones que faltan salen tanto en su sentido propio (por eso) como en combinaciones fijas y apenas explicables (de momento; creer en).

1. a 2. a/con 3. de 4. contra 5. en 6. en 7. en 8. sobre 9. por 10. por 11. de 12. a 13. a 14. en 15. de 16. en 17. en 18. por 19. desde

11
Diálogo para hacer un role-play, como en lecciones anteriores.

tengo clase – te quedas – comes algo – tengo que – porque – en bicicleta – se me ha roto – a unos metros – correr – todos los días – hasta mañana

12
Traducción que comenta la Balada.

Alberti es un poeta español. En esta balada habla de las cosas que tiene, como por ejemplo: muchos libros publicados, una hermosa bicicleta, una pipa curva, un cuadernillo blanco y un lápiz para escribir. Habla también de los temas que le interesan: el mar, los ángeles, la paz, las revoluciones y las guerras justificadas.

D Comprensión auditiva

Debido a las palabras posiblemente desconocidas del texto – frustrado, sociedad, débil, violento, sensible, marcado psíquicamente –, este ejercicio puede parecer relativamente «difícil». Pero en la lección 10, creemos que los alumnos ya han adquirido una actitud y unas técnicas respecto a la comprensión auditiva que les permitirán comprender lo esencial del texto y contestar bien las preguntas del manual.

Habla Miguel Delibes
– En tus libros, se ve que tienes claramente simpatía por las personas sin suerte, frustradas ...
– Sí, dentro de esta sociedad en la que he nacido, yo he tomado una actitud a favor del débil. No puedo cambiar el mundo, no puedo tampoco hacer una pequeña revolución. Pero creo, no como otros, que la literatura puede servir para algo. No soy un revolucionario, por lo menos un revolucionario violento, pero sí creo que si la gente te lee y te sigue, puedes por lo menos hacer algo ...
– La guerra civil española es también un tema muy importante para ti.
– Yo creo que vivir una guerra es algo importantísimo en la vida de un hombre sensible, sobre todo si es una guerra civil. Todo hombre que ha vivido una guerra civil está marcado psíquicamente para siempre ...

1. sí 2. sí 3. sí 4. no 5. sí 6. sí

TEST 2

1
Formas de verbos irregulares.

1. caigo 2. sé 3. traigo 4. valgo 5. digo 6. veo 7. pido 8. puedo 9. cuento 10. conozco 11. acuesto 12. río 13. sigo 14. ofrezco 15. visto 16. repito 17. sirvo 18. sirve 19. cuesta 20. vale 21. parece 22. dice 23. se ríe

2
Adjetivos, en parte en su forma apocopada: bueno, buen, etc.

1. bueno 2. buen/mal 3. ninguna 4. buen 5. mala 6. alguna 7. algún 8. ningún 9. gran 10. grande 11. buenas 12. mal/buen

3
Formas regulares e irregulares del Perfecto compuesto.

1. hemos visto 2. he llamado 3. habéis leído 4. he entendido 5. se ha llevado 6. has dicho 7. ha hecho 8. he escrito 9. han puesto 10. he roto 11. han vuelto 12. ha sido 13. habéis abierto 14. has volado 15. te has reído 16. os habéis acostado 17. se han quedado

4
Los pronombres relativos *que* y *lo que*.

1. que 2. lo que 3. lo que 4. que 5. que 6. lo que

5
Comparaciones.

1. más 2. como 3. tan 4. tantas 5. el 6. menos 7. peor 8. más 9. como 10. más

6
Números y hora.

ciento catorce mil seiscientas ptas.
ciento setenta y cinco mil ptas.
doscientas diecinueve mil ptas.
siete mil quinientas ptas.
setenta y cinco mil ptas.
quince mil novecientas ptas.
dieciséis mil ochocientas ptas.
veintisiete mil trescientas ptas.

Son las tres y cuarto.
Son las cinco menos veinte.
Son las doce y media.
Son las seis de la tarde.
Son las tres menos cuarto.
Es la una y veinte.
Son las tres y diez.
Son las diez y veinticinco.

7
Complemento directo con o sin *a*.

1. a 2. al 3. a 4. - 5. a 6. –

8
Distinguir entre adjetivo y adverbio (*-mente*).

1. afirmativamente 2. amablemente 3. terriblemente 4. generalmente 5. posiblemente 6. amable 7. profundamente 8. últimamente 9. exactamente 10. cariñoso 11. especialmente 12. imposible 13. misterioso

9
Distinguir entre *para* y *por*.

1. por 2. para/(por) 3. por 4. para 5. para 6. por

10
ser/estar/hay.

1. hay 2. hay 3. está 4. hay 5. está 6. hay 7. está 8. está 9. es 10. es

11
Repaso de diferentes elementos de gramática, de vocabulario y de fraseología.

1. Navidad 2. fin 3. de 4. vez 5. bien 6. llevado 7. de 8. hecho 9. de 10. se 11. me 12. hecho 13. a

12
Ejercicio de comprensión, como repaso de diferentes elementos. La carta puede servir, en parte, de modelo para cartas personales de los alumnos.

Ha sido una sorpresa – has pensado – me he reído – no funciona – a lo mejor – pero pronto – nada especial – levantarme – mañana – este frío ... que hace – dos o tres días – depende del dinero – felices Pascuas – año – un saludo cariñoso

13
Frases que se pueden completar libremente, respetando la concordancia, en número y género, con los adjetivos demostrativos.

14
Otro ejercicio para rellenar lagunas. Después de terminar el Test, este diálogo podría servir para representarlo y/o variarlo como de costumbre.

unas gafas – se me han roto – salir de la tienda – al suelo – se te han roto – ha sido un milagro – roto – a la tienda – he comprado – al autobús – otra vez – he comprado – para mirar – se te cae todo – las gafas – he abierto – el periódico

11 La familia

Diego de Velázquez (nacido en 1599 en Sevilla, muerto en 1660 en Madrid), fue pintor de la Corte de Felipe IV. En el Museo del Prado hay muchas obras suyas, entre ellas, retratos de miembros de la familia real.
Felipe IV (1621 - 1661) es el penúltimo Austria que reina en España. Su hijo Carlos II (1661 - 1700) no tendrá hijos, situación que provoca la Guerra de Sucesión, que es una guerra europea. A partir del siglo XVIII, los reyes de España serán de la familia de los Borbones.
Félix Lope de Vega Carpio (1562 - 1635), el gran dramaturgo del Siglo de Oro español, con 2.000 dramas, entre ellos, «El mejor alcalde el rey» y «Fuenteovejuna».

A   El Texto

En «Las Meninas» asistimos a una escena cotidiana. El pintor está trabajando en un gran cuadro que representa a los reyes. Esto lo sabemos sólo porque al fondo hay un espejo que refleja a los personajes que no están en el cuadro, sino en el sitio que ahora ocupamos nosotros, los espectadores. La mirada del pintor, dirigida hacia sus modelos, parece dirigida a nosotros. Velázquez nos convierte en parte, y parte central, del cuadro
...
Para introducir el texto sería conveniente disponer de una reproducción del cuadro lo más grande posible (ver pág. 160).
Será también útil un dibujo esquemático, que indica el lugar que ocupan los personajes del cuadro y también el lugar en que se encuentran los reyes o nos encontramos nosotros:

M la princesa Margarita
I doña Isabel, una «menina»
V Velázquez
S Sultán
N Nicolasillo
E Empleado
R los reyes

Con una breve introducción podemos preparar a los alumnos a la lectura del texto:
«El cuadro que vemos es de Velázquez. Velázquez es un pintor español muy famoso. En el centro del cuadro hay una niña. La niña nos cuenta o explica quiénes son las personas que ha pintado Velázquez en el cuadro.»

Algunas explicaciones fáciles de palabras del texto:
real – de los reyes
según Lope – como dice Lope
sin embargo – pero
lugar – sitio
taller – sitio donde trabaja un artista (Atelier) o un mecánico
con frecuencia – muchas veces
hija menor – hija más pequeña
motivo – lo que se ve en una foto o en un cuadro
sed – ganas de beber
intenta jugar – quiere jugar
llamarse – yo me llamo (nombre), Vd. se llama (nombre)
acaba de entrar – ha entrado un momento antes
empleado – persona que trabaja en una tienda u oficina

Algunas otras palabras se aclararán traduciéndolas para garantizar la comprensión. En esta lección, recomendamos que la casete se escuche al final de la presentación del texto, cuando los alumnos ya lo entienden todo.

B   La Gramática

2. El pronombre posesivo
Para los alumnos de habla alemana, la distinción terminológica que hace la Gramática española entre adjetivo y pronombre posesivos (mi/mío) puede resultar confusa. (También el pronombre puede ser adjetivo: ¡Dios mío!).

C   Los Ejercicios

Las diferentes indicaciones del estado civil de una persona pueden emplearse como sustantivos, con el verbo *ser*, o como adjetivos, con el verbo *estar* (que indica un «estado»). Pero cuando se añade alguna información específica – *está casado con una francesa*; *está divorciado desde el año pasado* – sólo se emplean con el verbo *estar*. Por lo tanto, será mejor mencionar sólo esta forma, para evitar confusiones.

1
Preguntas sencillas sobre el texto, que ponen en movimiento el vocabulario de la lección.

2
Se rellenan las lagunas con pronombres posesivos, para representar y variar luego el diálogo, prestando atención a la entonación y, en lo posible, a la fluidez.

> a) con mis padres – toda mi familia – mi hermano y su mujer – mi hermana, su marido y sus hijos
> b) con nuestros padres – toda nuestra familia – nuestro hermano y su mujer – nuestra hermana, su marido y sus hijos
> c) con sus padres – toda su familia – su hermano y su mujer – su hermana, su marido y sus hijos

3
Rellenar lagunas en un texto que permite tres variantes: tú, vosotros, Vds.

> a) tus padres – tu madre – tu dirección o tu número de teléfono – tu hermano mayor – su novia – tus hermanas
> b) vuestros padres – vuestra madre – vuestra dirección o vuestro número de teléfono – vuestro hermano mayor – su novia – vuestras hermanas

4
Otro ejercicio de dos fases: completar el texto y representar, más o menos, el diálogo.

a casa – a mi familia – en verano – en el jardín – de momento – los conoces – a nadie – lo conoces – a tu marido – me lo has presentado – la próxima vez

5
Como todos los ejercicios del tipo «Relaciona» es un ejercicio de comprensión. Al mismo tiempo, ofrece una serie de frases modelo en futuro próximo.

6
Preguntas/respuestas. Hablar de cosas que uno va a hacer.
El profesor, con un poco de imaginación, podrá personalizar gran parte de las frases, usando los nombres de sus alumnos y dirigiéndose directamente a ellos:
¿Puedes ayudarme después, Julia? Tengo que hacer muchas cosas ...
¿Has empezado ya a hacer tu maleta, Karl? (¿Cuándo vas a salir de viaje?)
Mónica, ¿vas a comprar por fin el ... que te gusta tanto?
Etc.

1. voy a ayudarte 2. voy a hacerla 3. voy a intentarlo 4. voy a comprarlo 5. voy a arreglarla 6. voy a mirarla 7. voy a contarlo 8. voy a necesitarlo 9. voy a llamar ahora 10. voy a llevarlo hoy

7
Preguntas/respuestas. Hablar de lo que va a hacer uno y de lo que acaba de hacer uno. Como en el ejercicio anterior, el profesor puede personalizar las preguntas y comentar un poco, de forma espontánea, las contestaciones.

1. la voy a arreglar 2. las voy a pedir 3. van a llegar (pronto) 4. la voy a llamar 5. lo voy a preguntar 6. lo voy a abrir 7. lo voy a decir 8. los voy a comprar 9. los voy a visitar

1. acabo de arreglarla 2. acabo de pedirlas 3. acaban de llegar 4. acabo de llamarla 5. acabo de preguntarlo 6. acabo de abrirlo 7. acabo de decirlo 8. acabo de comprarlos 9. acabo de visitarlos

8
Aprender o retener dos palabras antónimas suele costar poco esfuerzo más que aprender una sola palabra aislada. El ejercicio agrupa tales antónimos ya conocidos y añade algunos más.

1. pocas 2. tranquila 3. primer 4. mucha 5. húmedo 6. caras 7. (muy) bien 8. abierta 9. derecha 10. mucha 11. tarde 12. pequeña 13. menor 14. mala 15. mal 16. moderna 17. temprano

Lección 11

9
Hacer comparaciones. Ejercicio guiado que ofrece bastante libertad de expresión.

10
Preguntar por el propietario de diferentes objetos y dar la contestación correspondiente.

11
Añadimos este villancico como texto sencillo que repite dos adverbios importantes del texto: *delante, detrás*.

12
Hablar de familiares y amigos: mi padre, un amigo mío, etc. (Ejercicio escrito de expresión libre).

13
Proponemos que los alumnos, antes de empezar a leer una de estas frases, la preparen mentalmente para no atascarse de repente al llegar a los numerales.

1. el primero de agosto 2. la primera persona 3. en primer lugar 4. el segundo curso 5. la tercera vez 6. Felipe Cuarto 7. la quinta vez 8. en el quinto piso, en el sexto 9. en el octavo mes 10. los capítulos noveno y décimo (nueve y diez) 11. la décima parte 12. ni la décima parte

D   Comprensión auditiva

El texto ofrece un buen ejemplo de comprensión global, aunque algunas palabras sean desconocidas. (Las ponemos aquí «entre comillas».)
Los alumnos no sabrán si «echar» una carta equivale literalmente a «einwerfen» o a «aufgeben», pero comprenden, más o menos, lo que quiere decir el chico que abre la puerta. También pueden comprender que esta acción no le va a llevar mucho tiempo a la madre, con lo cual las frases de que va a volver «enseguida» y que no puede «tardar» mucho, junto con la invitación a entrar y esperar, forman una información tan redundante que los alumnos la entenderán.
Las preguntas del manual no se refieren a la duración de la ausencia de la madre, para no exigirles más que la comprensión basada en los conocimientos lingüísticos que ya han adquirido.

¿Está tu madre?
Vd. va a ver a una señora a su casa. El hijo le abre la puerta.
– Hola, Pablo. ¿Está tu madre en casa?

– No, acaba de salir en este momento. Pero ha ido a Correos, a echar una carta, y va a volver enseguida. ¿Quieres pasar a esperarla? Mi hermana mayor y sus niños van a venir ahora también a merendar, así que mamá no puede tardar mucho.

1. sí 2. no 3. sí 4. sí

12 Por fin tengo un amigo

Gabriel Celaya (1911 - 1991) fue representante de lo que se llamó «poesía social», poesía al servicio de algo, concebida, en sus propias palabras, como «un arma cargada de futuro», como «una herramienta para transformar el mundo». «Un arma cargada de futuro» es el título de una de sus más conocidas poesías, que se hizo famosa al cantarla Paco Ibáñez.

La poesía está escrita en 1947 y se incluye en el libro «Tranquilamente hablando». Celaya acaba de hacer amistad con otro gran poeta, José Hierro, recién salido de la cárcel, que ha publicado su libro «Alegría», en el que leemos: «Somos alegres porque estamos vivos». Los poetas son alegres solamente por esa simple y asombrosa razón, ¡en la España de los años cuarenta! En ese espíritu de aceptación de la realidad «de lo uno y de lo otro», como dirá Celaya en el título de una novela, está escrita esta poesía.

A El Texto

Al hablar de un «imbécil (o un tonto) como él», se refiere a un estado de ánimo de completa tranquilidad equilibrada, de conformarse con poco y saber disfrutar de las cosas sencillas y elementales; los demás, por eso, pueden considerarles tontos por la falta de ambición («imbécil» aquí no está dicho como ofensa).

Podríamos citar también un aforismo de Enrique Jardiel Poncela: «Hay dos sistemas de lograr la felicidad: uno, hacerse el idiota (sich dumm stellen); otro, serlo».

Las pobres nubes que están esperando los barcos.
Celaya personifica las nubes e imagina que «las pobres» sufren en la espera de ver regresar los barcos al puerto.

¡Qué bonitas mañanas!
En la Gramática señalamos la estructura más corriente: ¡Qué mañanas más bonitas!
Las parejas amigas, de la mano, volando ...

Con «volando», Celaya expresa la felicidad de las parejas. (En alemán podríamos decir: sie schweben).

B   La Gramática

3. La aplicación del Gerundio
En el texto salen dos aplicaciones del Gerundio:
Estar + Gerundio: los están esperando.
(Otro) verbo + Gerundio: Nos paseamos charlando.
Añadimos *seguir* + *Gerundio*, completando así la tercera aplicación fundamental de esta forma.

6. Diminutivos
Debemos advertir a los alumnos que no formen ellos mismos diminutivos, sino que se limiten a emplear las formas que vayan conociendo, ya que los matices e incluso cambios semánticos que se producen con los sufijos «diminutivos» no son siempre previsibles (por ejemplo, una tortilla no es una «torta pequeña»).

C   Los Ejercicios

1
Entre todos, recordando cada uno sólo una frase, una línea de la poesía, los alumnos pueden reconstruir gran parte de ella.

2
Las preguntas sobre el texto se refieren a una interpretación personal de los alumnos y a las ideas que les sugiere la poesía. En cualquiera de las preguntas puede surgir una conversación, en la que el profesor podrá tomar parte activa.

3
Completamos el campo semántico de los colores.

4
Expresar lo que está haciendo alguien.
El profesor puede representar con gestos las frases que se prestan para ello, preguntándoles: ¿Qué estoy haciendo?
En este caso, los alumnos abren los libros después, para hacer sólo la segunda parte del ejercicio (frases 11 a 26).

Estoy ...
1. estudiando 2. esperando 3. leyendo 4. haciendo 5. escribiendo 6. contando 7. tomando 8. paseando 9. dando 10. llamando

Estamos ...
11. oyendo 12. charlando 13. tomando 14. dando 15. llamando 16. arreglando

17. estudiando 18. mirando 19. contándonos 20. hablando 21. ayudando 22. comiendo 23. preparando 24. cantando 25. jugando 26. esperando

5

De nuevo, expresar lo que alguien, en este caso, un niño, está haciendo (inclusive formas irregulares: pidiendo, riéndose, etc.).

Está ...
1. pidiendo 2. esperando 3. riéndose / se está riendo 4. vistiéndose / se está vistiendo 5. siguiendo 6. diciendo 7. charlando 8. paseándose / se está paseando 9. repitiendo

6
Expresar que una persona sigue haciendo lo mismo que antes.

Sigue ...
1. escribiendo 2. hablando 3. viendo 4. estudiando 5. preparando 6. arreglando 7. leyendo 8. oyendo 9. viviendo 10. viviendo 11. saliendo 12. volviendo 13. cantando 14. vistiéndose / se sigue vistiendo 15. inventándose / se sigue inventando 16. trabajando 17. estando harto 18. estando preocupado

7
Expresar acciones simultáneas, que a veces resultan como una sola (por ejemplo: estar preocupado pensando en estos problemas ...).
Las frases que se formarán demuestran lo variados que pueden ser los significados de estas conexiones. Por lo tanto, las traducciones correspondientes al alemán no podrían seguir siempre el mismo patrón:

Entra hablando ...	während er spricht
Descansa tomando el sol.	und sonnt sich
Estudia oyendo música.	und hört dabei Musik
Va al autobús corriendo.	er läuft schnell
Prepara la comida cantando.	singend
Está preocupado pensando en sus problemas.	wenn/weil er an seine Probleme denkt

8
Algunas preguntas personales, alrededor de los temas de la poesía: amigos, preocupaciones políticas, naturaleza. De cualquiera de estas preguntas puede surgir una conversación espontánea. Es importante que el profesor la mantenga, comentando respuestas, haciendo preguntas más allá de las indicadas, resumiendo lo que se ha dicho, etc.

9

Dar más intensidad a la expresión de acciones empleando *estar + Gerundio*. (No siempre se trata de acciones que de verdad estén en marcha en el momento en que se habla.)
En algunos ejemplos que tienen más de un verbo, los alumnos pueden tener problemas si hacen las frases automáticamente, sin pensar:

6. Mi madre ya se está acostando, no puede más.
No podemos decir: * No está pudiendo más.

7. Ernesto pinta muy bien. Me está haciendo un retrato.
No decimos en este caso: Ernesto está pintando muy bien. La frase no se refiere al caso concreto de la pintura que está haciendo Ernesto, sino que indica una capacidad propia y general de Ernesto: Pinta muy bien. Es un buen pintor.

10. ¡Qué suerte tiene! ¡Qué suerte está teniendo! Podríamos usar ambas formas.

10
Expresión libre de reacciones emocionales: ¡Qué coche más feo ...!

11
Ejercicio escrito sobre el tema de los amigos.
Cuando después se leen en voz alta, para todos, las cosas escritas por los alumnos, surge de nuevo una oportunidad para la conversación, los comentarios, las preguntas mutuas, etc. y para que el profesor cuente algo personal suyo, facilitando la adquisición natural del lenguaje.

12
Diálogo sobre una excursión. El diálogo queda por completar. Después de completarlo, se representará como de costumbre, siendo una de las metas la fluidez y una entonación natural.
No es deseable que los alumnos digan el texto literalmente (aunque les da una serie de modelos). Es preferible que una vez captada la situación se expresen libremente.

un paseo – a unos amigos – en barco – que sale – por toda la costa – tenemos que salir – estamos preocupados – están comprando – para comer – se va a ir – nos vamos a quedar

13
Traducción que vuelve sobre el tema de la amistad y del paseo de los amigos de la poesía.

Tengo un buen amigo que es como yo. Nos gustan las mismas cosas. Damos paseos juntos / Nos paseamos juntos y charlamos sobre las cosas que vemos, por ejemplo, los barcos en el mar, las nubes en el cielo, los hermosos pinos, la yerba, la brisa... A veces también nos contamos mentiras bonitas, cosas que no son verdad, pero que son bonitas. Cuando nos paseamos juntos somos muy felices. La gente no nos comprende del todo, pero esto no nos preocupa.

D   Comprensión auditiva

Es un ejercicio muy sencillo. Al final, si preguntamos por palabras o expresiones nuevas que hayan observado los alumnos, pueden aprender una palabra importante: ganar dinero.

¿Qué tal estás?
Vd. se encuentra a un amigo y le pregunta qué tal le va.
– Pues, ya ves, nada en especial. Yo ahora, estoy estudiando bastante para los exámenes de fin de curso, y estoy prácticamente solo, porque mis padres están pasando unos días en San Sebastián con los abuelos... y mi hermano mayor está trabajando todo el día como un loco en una fábrica, para ganar dinero para las vacaciones, y no le veo casi ... y así que ya ves ... ¿Y tú? ¿Qué estás haciendo ahora?

1. sí 2. sí 3. sí 4. no 5. no 6. sí

13   Arlequín y Colombina

Pío Baroja (nació en San Sebastián en 1872, y murió en 1956 en Madrid) fue médico, profesión que ejerció poco tiempo. Se ocupó de la panadería que tenía su familia, pero pronto se dedicó exclusivamente a escribir (más de 60 novelas). Se le considera como uno de los representantes de la «Generación del 98» (como Azorín, L 8), generación marcada por la pérdida de las Islas Filipinas y de Cuba, últimas colonias españolas. Pío Baroja, como todos los de esta generación, y él especialmente, es pesimista: «La vida es crueldad, ingratitud ...» «El hombre es un animal dañino, envidioso, cruel ...». Así, esta comedia no es representativa de su obra.

A   El Texto

La *Commedia dell'Arte* italiana nace en el siglo XVI. Sus figuras, igual que las del «Kasperletheater» alemán, son estereotipadas.
Suponemos que la introducción del texto no presentará problemas. La grabación en casete ayudará a dar vida a la escena.
Zi quiere aprender a tirar ... : El «zi», en vez de «si», caracteriza al sargento como pro-

cedente de cierta región de Andalucía. El «ceceo», o sea la pronunciación castellana de la c y la z (parecida al th inglés), no se da en el Sur de España (ni en Canarias ni en América Latina). La s, en cambio, se pronuncia a veces así.

La ilustración
El Arlequín y su compañera, de Picasso, no parecen ni optimistas ni enamorados ... Así, la ilustración se podrá relacionar con la segunda tarea del ejercicio 1:
¿Cómo ve Vd. el futuro de los dos?

B La Gramática

1. El futuro
Las formas del futuro, que llevan todas el acento tónico en la terminación, se suelen asimilar fácilmente.
(A algunos alumnos les gustará saber que estas formas nacieron en las lenguas románicas del Infinitivo + haber: tomar-he).

C Los Ejercicios

1
El diálogo Colombina/Arlequín ofrece, sobre todo, muchas formas del futuro. Trabajar las preguntas/respuestas en parejas (y cambiar de papel a mitad del ejercicio).
Si la primera fase del ejercicio es muy mecánica, la segunda lleva forzosamente a la comunicación libre: discutir lo que pasará una vez casados los dos. Es el momento oportuno también para una participación activa del profesor.

> 1. no me enfadaré 2. te obedeceré 3. te llevaré 4. no te obligaré 5. te elogiaré 6. no estaré celoso 7. te dejaré 8. estaré 9. te dejaré 10. no te preguntaré 11. me levantaré 12. no los invitaré 13. te comprenderé 14. te daré 15. no me convertiré 16. iré 17. daré paseos contigo 18. me reiré 19. lo pasaremos 20. viajaremos 21. viviremos

2
Repaso de los pronombres personales que acompañan el verbo.
Señalamos que el verbo *preguntar* no funciona igual que en alemán: la persona a la que se pregunta es, en español, complemento indirecto.

> 1. lo necesito 2. las aprendo 3. lo he dejado 4. me bastará 5. lo acepto 6. lo pregunto 7. le obligo 8. los espero 9. lo/(le) comprendo 10. la voy a ver 11. las conozco 12. le pregunto 13. les pregunto 14. le pregunto 15. le escribo 16. le respondo

3 - 4

El alumno usa las combinaciones de 2 pronombres personales, incluyendo *se lo*, pero, en el caso de *se lo*, sólo tiene que repetir las formas que ya aparecen en la pregunta. El oído se acostumbra al ritmo y al orden de los pronombres en estas combinaciones.

(Ejercicio 3)
1. se lo creo 2. se lo pido 3. se lo pregunto 4. se lo hago 5. se las mando 6. se las llevo 7. se lo pregunto 8. se lo cuento 9. se la doy 10. se lo pregunto 11. se lo dejo 12. se lo compro

(Ejercicio 4)
1. os lo repito 2. os lo explico 3. os lo cuento 4. os la traigo 5. os lo creo 6. os lo pongo 7. os lo escribo 8. os lo prometo 9. os lo traduzco 10. nos lo han dicho 11. nos la han explicado 12. nos la han servido 13. nos las han conseguido 14. nos la han hecho 15. nos la han traído 16. nos lo han prometido 17. nos los han dado 18. nos lo han contado

5

Una serie de frases modelo apoya la fijación de las combinaciones *se lo*, *se la* etc. Así, el proceso de aprendizaje no se basa, en primer lugar, en reglas gramaticales, sino en frases oídas, leídas, habladas y comprendidas.

1. te lo compraré 2. te lo explicaré 3. te lo contaré 4. te las escribiré 5. te lo traduciré 6. te las llevaré 7. te lo aceptaré 8. te lo daré 9. te lo dejaré 10. os las abriré 11. os lo presentaré 12. os la traeré 13. os lo diré 14. os lo prometeré

6

Este ejercicio sirve, sobre todo, para captar lo que expresan las combinaciones *se lo*, *se la*, etc., aunque la regla gramatical ayuda poco a hablar correctamente y con fluidez. Tiene más bien la función psicológica de dar al alumno la seguridad de haber entendido el fenómeno.

1. le contaré la verdad – se la contaré, etc.

7

De nuevo, una serie de frases corrientes en futuro, esta vez con las formas irregulares. Los alumnos pueden trabajar en parejas, cambiando de papel a la mitad del ejercicio.

1. podré 2. tendré 3. saldré 4. haré 5. pondré, etc.

8
Preguntas/respuestas, para trabajar en parejas.
Usar las dos formas que tiene el español para expresar el futuro. (Además, se usan de nuevo las formas *se lo, se la*, etc.)

> 1. se la voy a dejar 2. se lo voy a preguntar 3. se lo voy a comprar 4. se la voy a llevar 5. se la voy a leer 6. se la voy a dar 7. se lo voy a explicar 8. se lo voy a repetir 9. se lo voy a ofrecer 10. se lo voy a preguntar 11. se lo voy a decir 12. se los voy a poner 13. se la voy a hacer

9
A propósito se pone este ejercicio un poco alejado del Ejercicio 7 ya que se basa en las mismas formas del futuro irregular.

> hará – podrá – vendrá – tendrá – será – habrá – sabrá – podrá – pondrá – dirá

10 - 11
Expresar suposiciones (con futuro).
En el ejercicio 10, los alumnos pueden trabajar en parejas, cambiando de papel de frase en frase.

> (Ejercicio 10)
> 1. tendrá 2. costará 3. aceptará 4. hará 5. ofrecerán 6. querrán 7. dirá

12 - 13
Preguntas personales.
Señalamos la diferencia entre *conseguir* y *recibir*, dos verbos que en alemán muchas veces corresponden a un solo verbo: bekommen.

14
Hablar de planes.

15
Trabajo, en dos grupos, sobre lo que se espera de su futura pareja.
Otro tipo de discusión surge cuando, después, cada grupo presenta al otro sus ideas y sus condiciones.

16
Ejercicio libre, por escrito, que se puede hacer en casa.
Hablar de cómo se imagina uno su vida, o el mundo, dentro de 5 años.

Existe también una variante de trabajar todos juntos:
Cada uno escribe en la pizarra, en silencio, una frase. Se va haciendo un mosaico de ideas que puede resultar interesante o divertido y que puede dar lugar, a posteriori, a preguntas, comentarios, discusión.

17
Traducción de un diálogo sobre planes para el fin de semana.
Se representará después esta conversación u otra parecida.

- ¿Ya sabes lo que / qué harás el fin de semana que viene?
- Creo que me quedaré aquí porque tengo mucho que hacer y que estudiar.
- ¡Tú siempre trabajas tanto!
- Esta vez no iré a visitar a mis padres. Ya se lo he dicho por teléfono. El sábado por la noche saldré con un amigo porque se lo he prometido...
- ¿Y el domingo?
- El domingo me levantaré tarde y descansaré todo el día.
- ¿Te quedarás en casa todo el día?
- Por la tarde, quizás daré un pequeño paseo por el bosque. Si quieres, te llamaré antes...

D Comprensión auditiva

Valencia te gustará
Vd. oye en el tren una conversación entre una chica española y una alemana. La alemana va de «au pair» a Valencia y no está muy segura ... A ver lo que dice la chica española.
- Mujer, ya verás cómo te gusta. Primero, claro, te costará un poco por el idioma, y tendrás que acostumbrarte a las comidas y al estilo de vida.
Pero ya verás cómo te encanta Valencia, es una ciudad alegre con una vida enorme, y además, como vas a estar todavía en primavera allí podrás ver las Fallas, ¡qué suerte! Hay gente que va de todas partes a Valencia sólo por ver las Fallas y tú las vas a tener allí mismo ...
Pero es una ciudad estupenda, muy alegre, y la gente es muy abierta, y si tienes suerte con la familia y los niños ... Yo que tú, hija ... ¡Menuda ocasión de pasar allí unos meses ...! ¡Ya verás cómo luego te alegras de haber ido!

1. sí 2. no 3. no 4. sí 5. sí 6. sí

Alternativamente a las preguntas del manual, podemos darles a los alumnos este esquema para que intenten, en parejas o grupos de 3, reunir un máximo de información (2 ó 3 audiciones).

¿Problemas que puede tener?
¿Cosas positivas de la ciudad?
¿Algo especial en primavera?
¿Carácter de la gente y de la ciudad?

14 Mi pintura lleva en sí el mensaje del dolor

Frida Kahlo (1907-1954) sufrió gravísimas lesiones en la columna vertebral, de joven, en un accidente de autobús, y a consecuencia de ellas estuvo toda la vida enferma. Le hicieron numerosas intervenciones quirúrgicas. Muchos de sus cuadros los pintó estando en la cama.
De padre alemán y madre mexicana, estuvo casada con Diego Rivera (1886-1957), uno de los grandes muralistas mexicanos (con Siqueiros y Orozco), que toman como tema la historia antigua y moderna de la vida popular de México y la representan en monumentales pinturas murales.

A El Texto

Antes de leer el texto, podemos hacer algunas preguntas:
«Vamos a mirar primero el cuadro pintado por Frida Kahlo, que es un autorretrato – un retrato que ella ha hecho de sí misma.
¿Qué podemos ver, qué nos hace pensar?
¿Qué nos dice el cuadro junto con el título del texto?
¿Tiene una cara interesante, alegre, triste?»
El texto reúne varias citas de Frida Kahlo.
Querría vivir a gusto detrás de la cortina de la locura ...
Así podría vivir a gusto, y a su manera, sin más obligaciones.
No le importaría pasar por loca ... (Compare la poesía de Gabriel Celaya, L 12).
Las palabras inglesas intercaladas en el último párrafo se explican porque se operó en Estados Unidos, y las emplea de broma porque no le gustan ni el inglés ni, en general, los americanos. («No me gusta gringolandia», dice en una carta.)

B La Gramática

No nos parece necesario ningún comentario adicional.

C   Los Ejercicios

1

Control de comprensión que constituye, al mismo tiempo, una muestra de ejemplos en Condicional.

1. sí 2. sí 3. no 4. sí 5. sí 6. sí 7. sí 8. sí 9. no

2

Preguntas personales que los alumnos se hacen alternativamente, trabajando en pareja: ¿Te (le, os) gustaría ...?
Desde luego, no están pensadas sólo para hacer un ejercicio estructural, sino para charlar, o sea que si uno dice que sí, que le gustaría pintar, habrá que preguntarle por qué, qué sería para él pintar, o preguntarle por qué no lo hace de verdad, etc.
En una segunda fase, cada uno de la clase podrá decir una cosa que le gustaría hacer al otro, etc. En esta fase podrá intervenir activamente el profesor como persona interesada que escucha, comenta, pregunta ...

3

Usar el Condicional empleado en su significado de «Yo, en su lugar, ...» Es un «drill» para practicar rápida- y sistemáticamente las formas.

1. lo admiraría también / no lo admiraría 2. me callaría 3. aceptaría 4. me enfadaría 5. me inventaría 6. estaría 7. soportaría 8. me quedaría 9. ofrecería 10. estaría harto/ -a 11. bebería 12. desearía 13. volvería 14. me acostaría 15. pensaría 16. empezaría 17. cerraría 18. entendería 19. me sentiría 20. me vestiría 21. seguiría 22. me reiría 23. pediría

4

Expresar cierta cortesía en la pregunta: ¿Podrías arreglarme este reloj, (por favor)?
Preguntas hipotéticas: Tú, en lugar de otra persona, ... Tú, en una situación determinada, ...

5

Imaginarse una situación determinada – la de ganar mucho dinero – y expresar libremente lo que uno haría.

6

Según el modelo se imagina uno que otra persona hace algo, mientras que «Yo no lo haría / haría otra cosa».

7
Expresar cómo le gustaría a uno vivir, primero en un texto prefabricado, y después, libremente.

querría – haría – sabría – vendría – tendría – pondría – oiría – saldría – haría – podría – me reiría – diría – importaría – sería – gustaría

8
Recomendar a los alumnos que en un primer intento de hacer el ejercicio no piensen nada, sino que reaccionen espontáneamente, o sea que no consideren estas frases como ejercicio de gramática, sino de comprensión/expresión. Sólo así, tanto ellos como el profesor sabrán hasta qué punto han «adquirido» inconscientemente las combinaciones *Verbo + Adjetivo* de que se trata.
Si en este primer intento se dan cuenta de que no funciona todavía automáticamente en, digamos, un 75 por ciento de los casos, el ejercicio se empezará de nuevo, para «aprender» conscientemente un poco más sobre el uso de *ser y estar*.

1. es 2. está 3. está 4. es 5. es 6. es 7. es 8. está 9. es 10. es 11. está 12. es 13. es 14. estoy/está 15. son 16. es 17. es 18. es 19. es 20. está 21. es 22. es 23. es

9
Expresar que uno va a «volver a hacer algo». Ejercicio de automatización.

10
«Relaciona», o sea: ejercicio de comprensión.
En segundo plano, el ejercicio ofrece ejemplos de perífrasis verbales (acabar de, volver a, ir a).
Estas perífrasis contienen preposiciones; *acostumbrar + Infinitivo* no tiene preposición. (Sería correcto también *acostumbrar a + Infinitivo*, pero seguimos la forma introducida en la L 6.)

11
Los alumnos rellenan los huecos del diálogo, para luego representarlo.
Las variantes que se pueden hacer, o surgirán espontáneamente al representar la conversación por teléfono, o se pueden elaborar contribuyendo todos con sus ideas.

¿qué tal? – vamos a salir – con Luis – todo el grupo – a lo mejor – me gustaría – me lo dices – a casa de – a mi madre – ya la conoces – lo hacemos – volver a llamar – ya sé que – son los únicos – a Fernando – a mí me – me encantaría – si funciona – de acuerdo – vuelvo a llamar

12
Expresar – por escrito – lo que a uno personalmente le gustaría hacer.

13
Para tener el texto completo también en español, los alumnos sustituyen las palabras inglesas por españolas:

la gran operación – mi cuerpo – sobre mis pobres pies – me lo creo – las dos primeras semanas – a nadie

14
Traducción
Como variante, los alumnos podrían escribir un resumen de lo que han vivido, de cómo les ha ido: Este año, ...

Este año lo he pasado muy mal. He estado muy enferma. Me han hecho una operación de la columna vertebral. Ya estoy mejor, pero tengo todavía fuertes dolores en la espalda. No deseo a nadie estos dolores. Pero he tenido suerte, he tenido un médico maravilloso. Me ha vuelto a dar la alegría de la vida.

D Comprensión auditiva

Este ejercicio, bastante sencillo, se hace en poco tiempo contestando las preguntas correspondientes.

Un accidente
Un amigo ha tenido un accidente esquiando y se ha roto un brazo. Vd. le pregunta cómo está.
- Hombre, ¿te has roto el brazo? ¿Cómo estás?
- Pues, ya ves, con bastantes dolores todavía. El médico dice que me tendría que operar y me quedaría estupendamente y se me quitarían todos los dolores. Pero, por lo visto, tendría que ser en dos operaciones. Primero una, y un año más tarde, la segunda, y, la verdad, lo voy dejando porque me da bastante miedo ...

1. sí 2. sí 3. sí 4. no 5. sí

Si quiere aprovechar más el texto, los alumnos lo pueden representar. En este caso, el segundo personaje debería opinar, aconsejar, etc.

15 Por Castilla

Camilo José Cela (1916 -), Premio Nobel de 1990, se conoce por los libros que escribió caminando por España («Viaje a la Alcarria», «Por tierras de judíos, moros y cristianos») y por sus novelas («La familia de Pascual Duarte», «La colmena»).

A   Los Textos

Suponemos que ya sobra la advertencia de que no todas las palabras que salen en un texto hay que aprenderlas para usarlas activamente. Basta comprenderlas para comprender el texto.

de cuyo nombre no me acuerdo
La traducción al alemán es, prácticamente, literal: an dessen Namen ich mich nicht erinnere.
se vende
La forma impersonal con *se* salió por primera vez en la L 4: se vive.
salir bien/mal
Cosas que pueden salir bien o mal: un plato que se guisa, un examen, una fiesta, algo que escribimos ...
recordar
Recordar algo es sinónimo de acordarse de algo. (En el Norte de Alemania también se dice: «ich erinnere das»).
La forma incorrecta, bastante frecuente incluso en «nativos», de decir «recordarse de» se podrá evitar fácilmente si los alumnos usan el verbo recordar sólo en su segunda acepción: an etwas erinnern, etwas in Erinnerung rufen, por ejemplo,
Esto me recuerda algo que siempre dice mi amigo.
¿Me recuerdas mañana que tengo que llamar a Juan?
se toman unas piedras
Se explicará en la Gramática.

La ilustración
Bartolomé Esteban Murillo (1618-1682): Niños comiendo uvas y melón.
Murillo, pintor sevillano, es famoso por sus Inmaculadas y sus cuadros realistas de niños. Pudo estudiar en Madrid a los grandes maestros en las colecciones del rey, gracias a la protección de Velázquez.

B   La Gramática

1. se cuece / se cuecen
La «Pasiva refleja» en español es mucho más importante, por frecuente, que la «Voz pasiva». Esta será presentada en la L 30.

2. el que / el cual

En principio, el pronombre relativo *que* puede emplearse después de preposiciones monosilábicas. Pero para evitar la coincidencia con las conjunciones *para que* y *porque*, después de *para* y *por* se suele usar *el que* o *el cual*.

C Los Ejercicios

1

a) Los alumnos ponen el verbo. (Sólo tienen que distinguir entre *se + Singular* y *se + Plural*.)
b) Escuchan o leen de nuevo las frases, fijándose sólo en el contenido de las mismas.

Quizás sea más eficaz invertir el orden:
a) Empieza el profesor leyendo las frases modelo, no a secas, sino ampliándolas, comentando la información (no la forma). Los alumnos sólo escuchan.
b) Los alumnos hacen rápidamente el ejercicio.

1. vende 2. cierran 3. controlan 4. están 5. están construyendo 6. están abriendo 7. va a vender 8. va a cerrar 9. ha descubierto 10. va a repetir 11. han inventado 12. echan 13. tira

2

El profesor puede guiarse por (parte de) las frases propuestas y «hacer como si» representara la escena correspondiente. La diferencia entre *el que* y *el cual* (diferencia no de sentido, sino más bien de ritmo y sonido) entra al oírlo.
En una segunda fase se hace el ejercicio tal cual.
(No indicamos en cada caso todas las soluciones posibles).

1. del que 2. detrás de la cual 3. de que/de la que 4. por la que 5. para los que 6. que/las que 7. las que 8. de los que 9. por el que 10. por el que 11. en el que 12. sobre los que 13. con los que 14. al lado del cual 15. del que 16. para el cual 17. en la que 18. de la que 19. para la que/para la cual 20. enfrente de la cual 21. con el que 22. delante del cual

3

Expresar relaciones de pertenencia: cuyo.

1. de cuyo nombre no me acuerdo 2. cuyo nombre te he dado 3. a cuya hermana no conoces todavía 4. a cuyo marido ya conoces 5. cuyas hijas viven en Chile 6. cuyos hijos van ... 7. cuyos problemas no te voy a contar 8. en cuya casa hemos vivido

4

El vocabulario de comidas, menús, etc. es amplísimo. Ofrecemos algunos menús que se encuentran a menudo en restaurantes corrientes. Tal como se hace en muchos menús en zonas turísticas, ponemos al lado la traducción, ahorrando el tiempo necesario para otros tipos de explicación.
Hablar sobre gustos de los alumnos – y desde luego, también del profesor, que tendrá un papel muy activo – en cuanto a comidas.

5

Diálogo en una situación de restaurante.
El texto se representará, variándolo espontáneamente.

¿qué van a tomar? – por favor – un café solo – para mí – y uno – un vaso de agua – sin gas – para comer – me podría decir

6

Trabajo en grupos:
Elaborar/imaginarse un diálogo entre camarero y clientes.
Como material básico ofrecemos los menús (Ejercicio 4) y algunas frases «stándard» usadas por el camarero y los clientes, respectivamente.
Evidentemente, también este diálogo se prestará, al final, para representarlo.

7

Elaboración / traducción de dos diálogos en un restaurante, que luego se podrán representar.

- Buenos días. ¿Cuántos son?
- Somos seis.
- ¿Se quieren sentar en esta mesa, por favor?
  Esa está reservada ...
  Aquí les traigo los menús. ¿Qué van a beber?
- Vamos a ver ... Una jarra de vino tinto de la casa, una botella grande de agua mineral, sin gas, y un jugo de naranja.
- Muy bien, ahora mismo se lo traigo.

- ¿Podemos pedir ya?
- Sí, sí, ¿qué van a tomar?
- Pues, dos menús del día, y un menú número 4, y para mí, una sopa de pescado y un filete de ternera con ensalada.
- Para el postre vuelvo después. Muchas gracias.
- ¿Van a tardar mucho, (por favor)?
- No, no, se lo traigo enseguida.

D   Comprensión auditiva

En el primer texto, Cela nos da algunos datos sobre su persona. Después de hacer el ejercicio, los alumnos podrían hacer las mismas preguntas unos a otros o al profesor. En el segundo texto, la mujer de Cela completa el retrato con algunos datos sobre sus preferencias gastronómicas. Los alumnos podrían inventar la descripción imaginada de un personaje conocido (político, artista), sus platos preferidos, etc.

Camilo José Cela contesta a unas preguntas sobre su persona
– ¿Fecha de nacimiento?
– El 11 de mayo de 1916, en Iria Flavia, Galicia.
– ¿Primer apellido?
– Cela. Es un viejo apellido gallego.
– ¿Y el segundo?
– Trulock, inglés. Por esta parte, seguramente tengo antepasados piratas. Tengo un cuarto apellido italiano y un sexto apellido belga.
– ¿Estatura?
– Un metro ochenta y uno.
– ¿Color de los ojos?
– Creo que marrones, castaños, con unos tonos verdes al atardecer ...
– ¿Peso?
– En este momento, ciento doce kilos ...

1. sí 2. no 3. sí 4. no 5. sí

Habla Rosario Conde, primera esposa de Camilo José Cela
– ¿Cela, está gordo porque come o, como dicen muchos gordos, «por otras razones»?
– Le gusta la buena mesa, y comer bien. Y así, claro, ... Pero últimamente está mucho más delgado, ha perdido 30 kilos, tiene que comer mucho menos desde sus dos últimas operaciones.
– ¿Quién es Cela, gastronómicamente hablando?
– Como gallego, le gusta el caldo de su tierra, y todo lo de allí ... De mi tierra, el País Vasco, le gusta el pescado, sobre todo el bacalao, hecho de diferentes formas ... También le gusta la paella y el cocido. No le gusta la cocina sofisticada y le horroriza la llamada «nueva cocina».

1. no 2. sí 3. sí 4. sí 5. sí 6. no 7. sí

TEST 3

1
Hablar de acciones realizadas en un pasado inmediato o que se van a realizar en un futuro inmediato: *acabar de*, *ir a*.

1. acabo de comprarlo 2. lo voy a comer 3. acabo de verlo 4. os voy a ayudar 5. acabo de escribirla 6. acabo de volver 7. voy a llamarle/llamarlo 8. lo vamos a tomar

2
Indicar relaciones de posesión: *su, suyo, el suyo*.

1. las suyas 2. suyas 3. su 4. suyo 5. suya 6. su 7. suya 8. suyo

3
Usar numerales cardinales y ordinales.

1. primer 2. dos 3. quinto 4. segunda 5. el treinta y uno de agosto de mil novecientos noventa y nueve

4
Expresar acciones que se están realizando o se siguen realizando.
Expresar la simultaneidad de dos acciones. (Gerundios regulares e irregulares).

1. hablando 2. buscando 3. vendiendo 4. construyendo 5. oyendo 6. diciendo 7. leyendo 8. esperando

5
Usar pronombres personales (inclusive *se lo*).

1. les 2. lo 3. se lo 4. te lo 5. se la 6. os lo 7. se lo 8. se la

6
Hablar de acciones futuras.

1. vendrá 2. haréis 3. diré 4. saldrán 5. intentará 6. tendré que 7. entenderá 8. costará 9. volverá/volverás/volverán

7
Expresar suposiciones.

1. dejará 2. podrás 3. pintarán 4. estará 5. tendré 6. bastará 7. será 8. contará

8
Expresar lo que uno haría o lo que habría que hacer en una situación determinada.

1. pensaría 2. pondríamos 3. irías 4. vendríais 5. esperaría 6. volvería 7. tendría 8. habría

9
Usar *que, el que, el cual, cuyo*.

1. la que 2. cuyo 3. cuya 4. la que 5. que 6. cuya 7. la cual 8. cuya

10
Usar frases impersonales con *se* (+ verbo en singular/plural).

1. construye 2. construyen 3. escribe 4. venden 5. compra 6. puede

11
Usar *ser/estar*, en las funciones hasta ahora estudiadas.

1. está 2. es 3. está 4. está 5. es 6. soy 7. estar 8. es 9. está 10. es 11. estás 12. son

12
Miscelánea: vocabulario.

1. si 2. construir 3. destruyen 4. hasta 5. aburrimiento 6. volver 7. edad 8. lado 9. de 10. triste

16 El viajero que llegó a tiempo (I)

Alvaro de Laiglesia (1922 - 1981) fue un escritor de un humor muy personal. A los 22 años asumió la dirección de *La Codorniz*, «la revista más audaz para lector más inteligente», según se anunciaba ella misma, revista de humor en la que colaboraron otros humoristas como Tono, Gila, Mingote, etc. A causa de sus pequeñas críticas, «audacias», algunos de sus números fueron prohibidos por la censura franquista ...

A   El Texto

Para facilitar la introducción del Perfecto simple, el profesor puede leer o contar la historia primero en Presente. Así, los alumnos se podrán concentrar primero en el contenido y después, al leer el texto original, en las nuevas formas verbales.

estar en la Compañía Aérea para coger el autobús
Antes, autobuses de la compañía Iberia llevaban a los viajeros desde su central, en la Plaza de Neptuno de Madrid, al aeropuerto de Barajas.

reducir la panza
El verbo aparece en infinitivo, pero aprovechamos la ocasión de explicar, en la Gramática, que los verbos en *-ducir* se unen al grupo de *conocer*, de irregularidad común (-zc- L 6).

Tal vez mencionar que el nombre de Sancho Panza, del Quijote de Cervantes, sugiere que Sancho era gordo y con «panza».

B   La Gramática

1. El Pretérito perfecto simple

Este tiempo se llamaba también «Pretérito indefinido». Los alumnos preguntaban a veces por qué un tiempo que se refería muchas veces a acciones y momentos perfectamente determinados se llamaba «indefinido» ...

Nos atenemos al término que usa en la actualidad la Real Academia Española de la Lengua, término que no da una explicación de contenido, sino que describe la forma como simple, a diferencia del Pretérito perfecto compuesto.

En la clase, desde luego, no diremos constantemente «Pretérito perfecto compuesto», «Pretérito perfecto simple», sino simplemente: el «(Perfecto) simple», el «(Perfecto) compuesto», y más tarde, el «Imperfecto».

Se reparte la presentación de las formas en dos lecciones: las regulares aquí, las irregulares en la lección siguiente. Por este motivo esta lección no contiene todavía ejercicios de expresión libre con el Perfecto simple.

2. Empleo de los dos Pretéritos perfectos

En la Gramática de la L 7 tanto como en las introducciones a diferentes ejercicios hemos señalado la estrecha relación que tiene el Perfecto compuesto con el momento presente.

Los diferentes adverbios de tiempo que indicamos pueden ayudar a comprender lo que expresa cada uno de los dos Pretéritos perfectos (aunque estos adverbios en sí no obligan – en el sentido de una regla gramatical estricta – al uso de estos tiempos).

Lo importante es si, para el hablante, la acción se sitúa en un marco de tiempo
- que no ha terminado todavía (hoy, esta semana, este mes, este año, en toda mi vida, etc.) o
- que terminó (ayer, el año pasado, etc.).

Ambos tiempos se refieren a acciones ocurridas con anterioridad al momento en que habla. Pero en el primer caso (Perfecto compuesto), el hablante da mayor extensión al momento presente, de modo que relaciona con su «presente psicológico» hechos que han ocurrido en el pasado.

Podemos representar gráficamente el ámbito de cada uno de los dos Pretéritos:

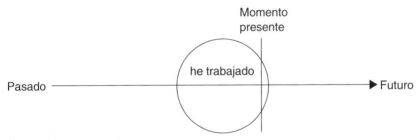

(hoy, esta semana, este mes,
este año, en toda mi vida)

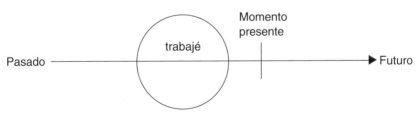

(ayer, la semana pasada, el año pasado,
hace 5 años, en 1968)

3. quedar/quedarse, ir/irse

Son verbos frecuentísimos que merecen la aclaración que damos.

C Los Ejercicios

1 - 4
Ejercicios que ofrecen «input» de formas del Perfecto simple.

1
Cómo se cuentan acciones consecutivas en el pasado (primero ..., luego ..., después ..., más tarde ..., al final ...).

nos despertamos – nos lavamos – nos afeitamos – nos peinamos – desayunamos – llegamos – trabajamos – ahorramos – pasamos – volamos – pasamos – recibimos – abrimos – leímos – nos reímos – escribimos

2
Hablar del día de *ayer*. Este punto de referencia existe en todos los ejemplos, aunque no se repita la palabra «ayer».
a) Los alumnos hacen estas preguntas al profesor, éste contesta haciendo más vivo el ejercicio y facilitando respuestas al alcance del alumno (aunque no entiendan cada palabra de lo que dice).
b) Los alumnos se hacen las preguntas mutuamente y contestan.

3
Nos imaginamos una persona que volvió hace poco de un viaje y le hacemos preguntas sobre ese viaje, que consideramos terminado y pasado. Seguir el mismo procedimiento desdoblado que en el ejercicio 2.
(En realidad, se podrían considerar algunas de las preguntas/respuestas como relacionadas con el momento presente, empleando el Perfecto compuesto: ¿Has descubierto algo nuevo allí? ¿Has vuelto en tren? Pero no vamos a explicar estos matices posibles precisamente en el momento de introducir las nuevas formas del Perfecto simple).

4
Practicamos diferentes formas de hacer preguntas, con pronombres interrogativos.

¿ ... ?
1. cuánto pagaste 2. pasaste 3. te quedaste 4. soportaste, te gustó 5. trabajaste algo 6. ganaste 7. por qué no me escribiste 8. volviste 9. volviste

5
Otra serie de frases con formas del Perfecto simple, esta vez mezcladas con otras del Perfecto compuesto. Los alumnos añaden a cada frase un adverbio que vaya bien con el tiempo.
El ejercicio sirve para fijar mentalmente la diferencia que hace el español entre un «pasado pasado» (Perfecto simple) y un «pasado presente» (Perfecto compuesto). (Estos

términos no se usan en la Gramática española, pero sobre todo para alumnos que sepan un poco de inglés serán útiles y comprensibles sin más).

6

La estructura de «estar sin + Infinitivo» es interesante porque no existe así en otros idiomas.

1. la botella está sin abrir. 2. está sin pagar 3. está sin arreglar 4. están sin hacer 5. está sin arreglar 6. están sin lavar 7. estoy sin desayunar 8. están sin abrochar

7

«Relaciona». La dificultad de distinguir entre *quedar* y *quedarse* está, para algunos alumnos de habla alemana, en que
- me quedo no es reflexivo en alemán: *ich bleibe*, y en
- me queda(n) ..., el sujeto es la cosa, mientras que en *ich habe noch* el sujeto es la persona (aunque podamos imitar la frase española diciendo *Es bleibt/bleiben mir noch ...*).

Me quedo	aquí ... / una noche más / con mis amigos / algunos días
Me queda	mucho tiempo / una hora / algún dinero / mucho que hacer
Me quedan	veinte kilómetros / algunos días en la costa

8

Después de rellenar las lagunas, los alumnos tienen un modelo para una llamada a la recepción del hotel, que podrán representar y variar, como de costumbre.

me podrían preparar – salir – avión – se la preparo – para ganar – no me va a quedar tiempo – de acuerdo – la cuenta – muchas gracias

Después, pueden representar las llamadas a la recepción que sugerimos, ampliando los temas como quieran.
En b) y d) es posible que echen de menos el imperativo, que todavía no se ha introducido, pero pueden expresarse perfectamente diciendo «¿Podrían Vds. ...?»

9

Otro modelo para un diálogo, en unos grandes almacenes. Primero habrá que rellenar las lagunas, después se puede representar y variar.

vamos a ver – lo que quieres – una camiseta y un pantalón – aquí tienes/están – son carísimos – éstos/los de aquí – los hay más baratos – de algodón – para el tenis – podéis mirar – es tarde – vamos a cerrar

10
Traducción

Ayer me desperté muy tarde. Miré el reloj, salté de la cama y me lavé rápidamente. Salí a la calle sin desayunar. Llegué corriendo hasta el autobús. No lo perdí, como por un milagro. En el autobús, ya más tranquilo, pensé: «¿Qué historia podría contar esta vez? Es la tercera vez que llego tarde esta semana ...»

D   Comprensión auditiva

Llamada a un hotel
Vd. se ha dejado en un hotel un pijama y unas zapatillas, y llama para preguntar si lo han encontrado. Le contesta el conserje.
– Pues a mí, hasta ahora, no me han dado nada de la habitación suya, y normalmente, si alguien se deja algo lo bajan aquí después de hacer la habitación inmediatamente, pero, de todas maneras, voy a dejar aquí una nota para mi compañero, por si él sabe algo, porque yo ahora me voy y él entra de servicio, y si hay algo se lo mandaremos lo antes posible. Seguro que tenemos su dirección todavía, pero, para más seguridad, ¿me la puede decir otra vez y tomo nota?

1. sí 2. sí 3. sí 4. sí 5. no 6. sí

Después de haber hecho el ejercicio contestando las preguntas, los alumnos podrían escuchar una vez más la grabación para representar después la llamada. En este caso deberían preparar también el papel del cliente: fecha de salida del hotel, número de habitación, descripción de los objetos olvidados, forma de recuperarlos, etc.

17   El viajero que llegó a tiempo (II)

A   El Texto

Es la continuación de la L 16. El hecho de que nos movamos en la misma historia facilita mucho la comprensión de las nuevas formas, irregulares, y de la función del Perfecto simple al contar acciones sucesivas: Luego ..., después ..., después ..., etc.
Como ya hemos visto en la lección anterior, algunos detalles indican que el texto fue escrito hace años.
fue a la oficina de la línea aérea
Hoy día nos presentamos en uno de los mostradores de la compañía aérea, para facturar el equipaje, y allí nos dan la tarjeta de embarque.

corriendo llegó al avión
Hoy día nos suele llevar un autobús o entramos directamente al avión.

encogiéndose de alas
El autor juega con la expresión «encogerse de hombros», como expresión de «no poder hacer ya nada por él». (En otras situaciones, «encogerse de hombros» podría significar «me tiene sin cuidado».)

La ilustración
La ilustración es un detalle de una de las miniaturas que se encuentran en el «Comentario del Apocalipsis», libro famoso en la Edad Media que se atribuye a un monje español llamado Beato, que vivió a finales del siglo VIII en Asturias, en el Monasterio de San Martín de Liébana. Las miniaturas que ilustran el libro fueron realizadas en el siglo XI por un tal Facundo.

B   La Gramática

1. Pretérito perfecto simple: formas irregulares
Los 11 verbos que siguen en Perfecto simple el modelo de *tener/tuve* se introducen en esta lección y en la L 18. Estos verbos tienen, en realidad, una irregularidad «muy regular».

2. Pretérito perfecto simple: Verbos irregulares con e → i
Ya al introducir estos verbos en la L 9 indicamos que hay una relación entre el cambio de *-e-* → *-i-* y la ausencia de la *-i-* (como vocal básica de la sílaba, no como parte de un diptongo *-ió, -ieron*) en la terminación.

4. La preposición por: motivo
En la L 10 presentamos algunas aplicaciones básicas de las preposiciones *para* y *por*. Repasarlas brevemente. El caso presentado aquí – hacer algo por alguien – requiere especial atención porque la traducción alemana es exactamente la que en otros casos damos cuando se trata de *para* + *Infinitivo*.

C   Los Ejercicios

1
Ejercicio que presenta las formas irregulares del Perfecto simple y confronta al mismo tiempo las dos ideas de «pasado» del español, que en alemán no existen así: «pasado pasado», «pasado presente».

2
Los alumnos leen – o se lo lee primero el profesor – un relato, marcado con el indicador «hoy». Después vuelven a contar los mismos acontecimientos como ocurridos «la semana pasada».

martes y trece
Tanto martes como el día 13 son, para supersticiosos españoles, días malos. «Martes y trece» es también el nombre artístico de una pareja de humoristas españoles.

al borde de un ataque de nervios
Hay también un filme muy famoso de Pedro Almodóvar: «Mujeres al borde de un ataque de nervios».

pasé la noche – no pude dormir – me desperté – estuve leyendo y pensando: «mal día es» – me levanté – me duché – me vestí – metí – bajé – desayuné – pagué – pedí – esperé – me puse nervioso – cogí – me fui andando – tardó muchísimo – llegué – perdí – me ahorré – perdí

La sugerencia de contar una historia en que alguien tuvo mucha suerte puede realizarse también por escrito.

3
Se practican informaciones dadas en «pasado pasado» (Perfecto simple), la mayoría de ellas marcadas con indicadores como *ayer, el sábado pasado*, etc.

1. fue 2. tuve 3. pude 4. se puso 5. hicimos 6. dijo 7. fue 8. siguió 9. consiguió 10. pidieron 11. sirvió 12. repitió 13. se sintió 14. tuve que 15. estuvo 16. logré

4
Expresión libre: cosas que hizo cada uno ayer o la semana pasada, etc.
Los verbos que sugerimos podrán ayudarles a aquellos alumnos que no puedan o quieran hablar espontáneamente de sus vivencias personales.

5
a) Completar una serie de preguntas que se podrían hacer a una chica que estuvo un año en España.
b) Inventar, entre todos, una contestación sencilla a cada pregunta.
c) Representar el diálogo.
d) Hacer las preguntas a una alumna (voluntaria) que contestará libremente lo que quiera.

1. te fue 2. pasaste 3. pudiste, dije 4. estuviste 5. tuviste 6. hiciste 7. tuviste 8. hicieron 9. fueron 10. tuviste

6
por / para.
Repaso de las diferentes aplicaciones presentadas en la L 10, más el caso comentado en ésta: hacer algo por alguien.

1. por 2. por 3. para 4. por 5. por 6. por 7. para 8. por

7

El ejercicio reúne las maneras más importantes de expresión impersonal («man»): se habla español (L 4), hay que esperar (L 7), se levanta uno (L 17).

1. se duerme 2. se despierta uno 3. se ve 4. hay que 5. hay que 6. se pregunta uno 7. se pierde 8. se pone uno 9. hay que ponerse 10. hay que 11. hay que 12. se cansa uno 13. se come

8

Contestar preguntas personales relacionadas con la obligación o necesidad de hacer algo: *tener que*.
Las preguntas se refieren a diferentes momentos: actuales (incluyendo el aspecto del condicional), pasados, futuros.

9

Preguntas/respuestas de un interrogatorio imaginario después ...
Los alumnos pueden hacer las mismas preguntas al profesor, después de hacer ellos el ejercicio. Este puede dar unas contestaciones un poco más elaboradas, a lo mejor contradictorias para provocar la discusión, etc. De esta forma, el ejercicio se convierte en ejercicio de comprensión.

10

Conversación en una agencia de viajes, sobre precios de vuelo. Como siempre en este tipo de ejercicio, los alumnos van conociendo el texto al rellenar las palabras que faltan, para poderlo representar y variar a continuación.

lo que cuesta – desde Madrid – en febrero – con Aerolíneas Argentinas – hay varios – y los sábados – más barato – de momento

11
Traducción
Se cuentan acciones o acontecimientos sucesivos en el pasado.

Las ocho y veinte ... Dios mío, sólo me quedan 30 minutos, pensé. ¡Voy a perder el tren! Salté de la cama.
Un minuto después me lavé (más o menos ...).
Dos minutos después me peiné.
Tres minutos después me vestí.
Cuatro minutos después metí todo en la maleta y la cerré.
Cinco minutos después salí corriendo y sudando a la calle.

Siete minutos después pasó un taxi y lo cogí/tomé.
Veinticinco minutos después llegué a la estación, y me quedaron cinco minutos para comprar el billete y subir al tren.

D   Comprensión auditiva

Trenes y aviones
Un amigo suyo se ha informado de los trenes y aviones que hay de Barcelona a Madrid.
- ¿Sabes ya cómo vas a ir a Madrid?
- Pues sí. En tren. Ayer pregunté en una agencia de viajes y me dieron el horario de los trenes que hay. Hay cinco trenes al día, y dos de ellos son Talgos, que tardan menos. No sé si voy a ir en el Talgo de las 3 de la tarde, que es el que tarda menos de todos, llegaría a Madrid a las 10 menos cuarto de la noche ...
- Y si tienes prisa, ¿no te interesa más coger el avión? Creo que sale uno cada hora ...
- Sí, sí, ya pregunté también ..., pero cuesta ida y vuelta unas 30.000 pesetas, y es demasiado dinero. Además, tanta prisa no tengo, ¿sabes?

1. sí 2. sí 3. no 4. sí 5. no 6. sí 7. no

Después de hacer el ejercicio, los alumnos podrían hablar de sus experiencias de viajar y de las posibilidades que hay para viajar sin gastar mucho dinero (por ejemplo, con Inter Rail).

18   El premio Nobel

Pablo Neruda (1904 - 1972), poeta chileno («Canto general», «España en el corazón», «Odas elementales»). Tomó parte, del lado republicano, en la guerra civil española (1936-1939) y tuvo un papel activo en la política de su país, desempeñando cargos diplomáticos. Murió poco después del golpe militar del general Pinochet.

A   El Texto

El título será suficiente como introducción al texto.
Para abordar el texto, los alumnos lo pueden leer, primero en silencio, subrayando las formas verbales que les parezcan nuevas e intentando entenderlas. Se darán cuenta de lo parecidas que son estas formas con los Perfectos simples de la lección anterior. Luego se puede pasar a una lectura asistida por el profesor, con las diferentes explicaciones necesarias.

todo escritor – todos los escritores sin excepción
Los alumnos pueden preguntar cuál es la diferencia entre «todos los escritores» y «todo escritor». «Todo escritor» es una forma más abstracta, más absoluta que «todos los escritores». Como es poco frecuente en lenguaje corriente, no la vamos a usar activamente.

incluso
Recordar una frase de la L 11: «hasta (= incluso) las figuras de los tapices bostezan».

tal fue el caso – éste fue el caso

aquel desfile
Neruda describe la escena años después: aquel desfile. El empleo de *aquel* para indicar distancia en el tiempo es bastante frecuente: en aquella época, en aquella ocasión, en aquel entonces ...

Rómulo Gallegos, novelista, pedagogo y político venezolano. En 1947 fue elegido presidente de la República para el período 1948-1953, pero nueve meses después de haber tomado posesión de su cargo fue derrocado por un golpe de Estado militar. Sus novelas más conocidas: «Doña Bárbara», «Canaima».

Gabriela Mistral, poetisa y profesora chilena. Premio Nobel de Literatura en 1945.

B   La Gramática

1. Perfecto simple: formas irregulares
En esta lección concluimos la introducción de las formas irregulares, empezada en la lección anterior.

C   Los Ejercicios

1
Preguntas de comprensión del texto. Vale la pena señalar algunas formas de expresión: llegar a saber, ser Premio Nobel, le recordó algo.

1. sí 2. no 3. no 4. sí 5. no 6. sí 7. no 8. sí

2
El ejercicio presenta nuevas formas irregulares de verbos y repasa otras que ya conocían los alumnos, en un texto que habla de una visita a Toledo.

3

Otra vez se presentan las formas irregulares del Perfecto simple. Los alumnos completan las preguntas correspondientes a las contestaciones indicadas.

1. quisiste 2. supiste 3. viniste 4. trajiste 5. diste 6. tuviste 7. estuviste 8. pudiste 9. pusiste 10. propusiste 11. dijiste 12. hiciste 13. fuiste 14. fuiste 15. seguiste 16. pediste

4

«Relaciona». Es, a la vez que un ejercicio de comprensión, un texto que presenta sistemáticamente el empleo de los pronombres relativos.

5

Los alumnos deberán darse cuenta de las tres formas de indicar distancia de que dispone el español, a diferencia del alemán corriente: este, ese, aquel.

6

Un ejercicio más en que le damos al alumno, «preparadas», las formas adecuadas para rellenar algunas lagunas en dos breves relatos de lo que pasó ayer. Así se concentra más bien en el contenido que en la forma.

1. vino – trajo – dio – estuvo – quiso – dio
2. hubo – supe – fui – estuve – llegaron – dijeron – dimos – fui

7

El alumno se acordará de algunos pasajes del texto y usará las correspondientes formas verbales como cita.

1. supo 2. hubo 3. dieron 4. estuvo 5. encontró

8

Repaso del vocabulario de un campo semántico: la política.
Las palabras ajenas a este campo son de ropa.

9

Ejercicio de expresión libre, aunque apoyada en el texto de la lección.

10

Ejercicio escrito: hacer un resumen del texto. Igual que un resumen, los alumnos pueden intentar escribir algunos comentarios: si les parece que siempre son los mejores poetas los que reciben el Premio Nobel, qué otros criterios pueden tener importancia para recibirlo, etc.

11

Traducción sencilla sobre los premios Nobel de Literatura.

Pablo Neruda es uno de los escritores de lengua española que han recibido el premio Nobel de Literatura. Lo recibió en 1971. Otros escritores que también lo recibieron fueron: Gabriela Mistral (en 1945), también chilena, Miguel Angel Asturias (en 1967), un escritor de Guatemala, Gabriel García Márquez (en 1982), escritor colombiano, Octavio Paz de México (en 1990) y los españoles José Echegaray (en 1904), Jacinto Benavente (en 1922), Juan Ramón Jiménez (en 1956) y Camilo José Cela (en 1989). También los españoles Santiago Ramón y Cajal (en 1906) y Severo Ochoa (en 1959) recibieron un premio Nobel, el de Medicina.

12

				S	U	P	I	E	R	O	N
		+	D	I	E	R	O	N			
		T	R	A	J	E	R	O	N		
	V	I	A	J	A	M	O	S			
			P	U	S	I	E	R	O	N	
	E	N	T	R	A	R	O	N			
			V	I	N	I	E	R	O	N	
	D	I	J	E	R	O	N				
	R	E	C	I	B	I	E	R	O	N	
	S	U	B	I	E	R	O	N			
		S	A	L	I	E	R	O	N		

D Comprensión auditiva

Es importante que los alumnos lean primero la introducción a la entrevista. Les dice quién es y de qué va a hablar Matilde Urrutia, facilitando así la comprensión a pesar de una serie de palabras desconocidas. Si la primera audición resultara muy difícil, podría Vd. explicar algunas palabras antes de repetirla: cáncer, pararse, venirse abajo.
Los alumnos podrían decir si algo les llama la atención en la pronunciación y entonación chilenas.

Habla la esposa de Pablo Neruda
En una conversación con un periodista, Matilde Urrutia, la esposa de Pablo Neruda, cuenta los últimos momentos de la vida de éste y habla sobre la importancia que tuvo para él el golpe militar del general Pinochet que acabó con el gobierno de Salvador Allende e implantó la dictadura en Chile.

– Poco antes de su muerte los médicos me dijeron claramente que lo tendría conmigo todavía seis o siete años, a pesar de tener cáncer. Pero él murió porque se le paró el corazón.
Desde el día 11, o sea desde el golpe, Pablo se vino abajo. Cuando vimos en la televisión, que lo pasaron 4 ó 5 veces, el bombardeo de la Moneda, fue tremendo. Ese día ya ni quiso comer, nada, nada.
A los dos días empezó la fiebre, y la fiebre empezó a subir y a subir. A las ocho de la noche empezó a delirar, de una manera terrible. A eso de la medianoche tuve que llamar a la enfermera, y le puso una inyección, un calmante.
Entonces, yo puse mi cabeza al lado de la suya y le dije: «¿Porqué no dormimos un rato? Siempre nos hace tanto bien dormir.»
Y él me dijo: «Sí, vamos a dormir.»
Se quedó dormido y no despertó más.

1. sí 2. sí 3. sí 4. sí 5. sí 6. no 7. sí

19 Un invierno en el paraíso

Antonio Muñoz Molina (1956 -) es Premio Nacional de Literatura y de Crítica 1988 por su libro «El invierno en Lisboa».

A   El Texto

Creemos que el texto ofrece a los alumnos la oportunidad de captar que contiene una nueva forma del pasado – el Imperfecto – y de comprender lo esencial de su uso. (Por cierto, es el último tiempo del sistema de los pasados en español que tienen que aprender.)
Por otra parte, si el profesor quiere preparar la lectura, lo podría hacer contando algo personal suyo de cuando era niño o alumno o de cuando vivía en otro país, etc.
mirar las piernas a las muchachas
El alemán tendrá la tendencia de decir: mirar las piernas de las muchachas. En español se dice «dem Mädchen die Beine anschauen».
me pasaba los días
Es más personal decir «pasarse los días» que simplemente «pasar los días». En español es frecuente este tipo de expresión:
(Me) he dejado el dinero en casa.
(Me) he dejado las llaves en el coche.
Por casualidad, (me) he encontrado ese libro. Etc.

La ilustración
El Doncel, monumento en la catedral de Sigüenza (Castilla-Léon). Un doncel era un joven que, después de haber sido paje de los reyes, había pasado a ser militar. Se trata del sepulcro del joven Martín Vázquez, que perdió la vida en la última etapa de la Reconquista en 1486 y al que la reina Isabel, por su juvenil valor, le llamaba «el mi loco» ... El Doncel, reclinado sobre un lado, parece absorto en la lectura de un libro, tal vez «un gran libro en el que leyó todos los nombres y vidas ...», como dice Muñoz Molina. Ortega y Gasset consideraba esta estatua «la más bella del mundo».

B La Gramática

3. Anwendung des Imperfekts
Rómulo Gallegos no sabía que ...   Er wußte nicht, daß ...
Rómulo Gallegos no supo que ...   Er erfuhr nicht, daß ...
Recordando la representación gráfica de los dos Perfectos, el simple y el compuesto (Libro del profesor, L 16), vamos a añadir ahora tres esquemas que representan los diferentes significados del Imperfecto:

a) Repetición, costumbre, rutina:

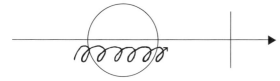

No iba nunca a clase.

b) Situación / acción cuyo principio y fin no interesan:

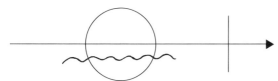

Vivía en una habitación alquilada.

c) Coincidencia de Perfecto simple con Imperfecto:
    Llegó la noticia.

Estaba en Lisboa.

C   Los Ejercicios

1
Modelos de cómo se habla de acciones que se repetían como una rutina:

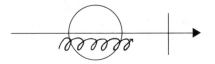

nos acostábamos – eramos los primeros en levantarnos – nos levantábamos – íbamos – comíamos y bebíamos – salíamos –

os pasabais encerradas – andabais – hacíais – ibais – podíais – erais

se acordaban – perdían – terminaban – iban – eran simpáticas

2
Completar la descripción de una situación en la que, en realidad, no ocurrió nada especial, sino que todo se desarrollaba de la forma acostumbrada:

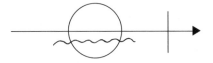

1. había 2. había, ofrecían, vendían 3. estaba, miraba, hablaba, se reía, preguntaba, costaba, se decidía 4. estaban, comía y bebía, tomaba 5. era

3
Dar una descripción en pasado, exenta de acontecimientos repentinos:

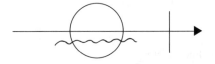

tenía – iba vestido – andaba – fumaba – se encontraba – discutía – decidían – no les gustaba

4

Comparar lo que sucede ahora con lo que sucedía antes. En la primera parte se practica con frases dadas, en la segunda llegamos a la expresión libre.

> Antes ...
> 1. no me bastaba con el dinero que tenía 2. no terminaba 3. me encerraba 4. no tenía 5. no recordaba, me hablabas 6. siempre encontraba 7. me pasaba horas 8. no oía música cuando estudiaba 9. no me reía de nada

5

Mensajes en que dos acciones (o una acción y una situación) coinciden: una que sucedió cuando la otra ya existía o se estaba desarrollando:

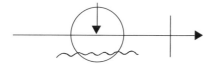

> 1. estaba, llegó 2. esperaba, llegó 3. llegó, parecía 4. quería, tuvo que 5. pasaba, llegó 6. estábamos, llegó 7. estaba, llamaron 8. estaba, pudo 9. tenía, llamó 10. esperaba, vio 11. me quedé, estaba 12. compró, necesitaba 13. tomé, era 14. estaba, invitaron 15. estaba, llegó 16. llegamos, acababa de empezar

6

Con ayuda de las preguntas, los alumnos escriben un pequeño texto sobre el autor. Las preguntas determinan los tiempos que habrá que usar.

7

Repaso de vocabulario del campo de la política. Añadimos algunas palabras que se comprenden fácilmente.

> 1. política 2. guerras y revoluciones, desterrado 3. candidato, campaña, estrategia

8

Conversación en una librería. Seguir el procedimiento acostumbrado: completar las palabras que faltan, después representar y/o variar el texto.

> de español – las explicaciones – en español – están – vamos a ver – están los libros – hay diccionarios – está – voy a ir mirando

9
Traducción
De nuevo, un texto que describe hábitos – en el pasado y en el presente –, sin hacer referencia a ningún acontecimiento determinado.

Cuando era pequeño no me gustaba leer. Tampoco me gustaba estudiar. Lo único que me interesaba era estar con mis amigos en la calle. Pero después, más tarde, a los 13 ó 14 años / cuando tenía 13 ó 14 años, ya me encantaba leer. Leía sobre todo libros de ciencia ficción y novelas. En las vacaciones leía como un loco. Terminaba un libro y empezaba otro. Ahora me interesa leer todo lo que cae en mis manos. El poco dinero que tengo lo gasto en comprar libros, pero siempre me regalan libros o voy a la biblioteca y consigo allí los libros que me interesan.

10
Con el pequeño texto adicional de Miguel Delibes, sobre lo que sabía, creía, calculaba el viejo Eloy, ofrecemos una lectura de números.

D   Comprensión auditiva

Antes de escuchar la entrevista, los alumnos deberían leer las preguntas. Así ya se aclaran de antemano algunas palabras nuevas que hay en el texto y se centra mejor la atención de los alumnos al escuchar.
También podríamos aclarar un «falso amigo» antes de escuchar el texto: hacer ilusión = causar alegría.

Habla Camilo José Cela de premios y de la actualidad política española
– A ti te han dado muchos premios, y también te han nombrado muchas cosas, por ejemplo, senador, te han nombrado también cartero honorario ...
– Todavía me faltan algunas cosas, por ejemplo, ganar la vuelta ciclista a Francia ... Tampoco me han hecho miss Europa ... Como ves, son varias las cosas que me faltan. Pero lo de cartero me hizo mucha ilusión. De pequeño, me encantaban los carteros rurales, los carteros del campo, que iban por Galicia a caballo por el monte bajo la lluvia, llevando noticias tristes o alegres ... Como también admiraba mucho a los revisores de los trenes que iban a veces por la parte de afuera del tren.
– ¿Cómo te va con la política?
– Después de la muerte de Franco, ayudé a hacer la Constitución, y eso es una experiencia histórica. Está sirviendo para gobernar a España democráticamente. Que no es perfecta, claro, como todo, pero si funciona, ya es bastante ... Algunos partidos políticos me ofrecieron presentarme a las elecciones, pero no es mi papel. Eso hay que dejárselo a los más jóvenes. Las edades del rey, de Felipe González, de Adolfo Suárez, protagonistas de la transición, me parecen mucho mejor.
– ¿Este intento de democracia a la española, te parece satisfactorio?

- Naturalmente, está saliendo bien, en primer lugar gracias al rey. Con mucha frecuencia es el único español que está en su sitio (sich richtig verhalten).

1. sí 2. sí 3. sí 4. sí 5. sí 6. no 7. sí 8. sí

El segundo ejercicio es relativamente fácil si sólo queremos conseguir que se contesten bien las preguntas, o sea, que se entiendan bien las informaciones básicas. Mediante una audición adicional podríamos sacar del texto algunas palabras nuevas que vale la pena comprender y aprender:
ambiente
oficina
estar a prueba
ser listo

Un amigo ha dejado su trabajo
Un amigo ha dejado su trabajo poco tiempo después de haberlo empezado. Vd. le pregunta por qué.
- ¿Por qué lo has dejado?
- Pues, chico, no me gustaba nada el ambiente en esa oficina. Además, como ya sabes, estaba a prueba, con otros 3 más, y tenía clarísimo que no me iban a dar el puesto después a mí, sino a una chica que había y que desde el primer momento se entendía muy bien con el jefe y además, la verdad, era bastante lista. Total que tenía la impresión de estar perdiendo el tiempo. Además, ya sabes que soy un poco orgulloso ...

1. sí 2. sí 3. no 4. sí

20 Episodio del enemigo

Pocos autores han despertado tanto interés en la literatura del siglo XX como el argentino *Jorge Luis Borges* (1899 - 1986), que se considera ya como uno de los viejos maestros de la literatura de este siglo.
«Todo es símbolo» dice Borges haciendo referencia al carácter simbólico de sus cuentos. Como los sueños, sus narraciones son símbolos de muchos valores y proponen al lector una doble o triple interpretación. Borges ve en el hombre una trágica condición de soñador y sueño al mismo tiempo. Pero acaba concluyendo: «Nuestro destino no es espantoso por irreal. El mundo, desgraciadamente, es real; yo desgraciadamente soy Borges.»

A   El Texto

Una breve introducción facilitará la comprensión del texto:
«Al volver a casa cansado, el autor se echa sobre la cama, rendido, y durante la siesta tiene una especie de sueño-pesadilla, en que él, Borges, pide cuentas a Borges ...»
En el texto se encuentran y se combinan los diferentes pretéritos. Después de una primera lectura, dedicada a la comprensión del contenido, se puede pedir que los alumnos, en dos grupos, busquen las frases que contienen los dos tipos de pretérito, y que intenten ver por qué se usa uno u otro.

La ilustración
Salvador Dalí: El sueño. 1937
Dalí dice, más o menos: «Me he imaginado muchas veces el monstruo del sueño con una cabeza gigantesca y pesada sobre un cuerpo débil, mantenido en equilibrio por las muletas de la realidad.» Y añade: «Esta cara podría tener el perfil de Buñuel ...»

B   La Gramática

1. Empleo del Imperfecto y del Perfecto simple
Aquí no presentamos nada nuevo. Subrayamos una vez más las funciones propias de cada uno de los dos pretéritos. Repetimos así lo dicho en la Gramática de la L 16 y de la L 19 así como lo que ya hemos practicado sistemáticamente en numerosos ejercicios.
Lo único nuevo es la presentación de dos acciones paralelas – no sucesivas – en el pasado: Mientras yo *hablaba*, su mano *estaba* en el bolsillo. Se podría representar gráficamente duplicando el dibujo de la acción pasada cuyo principio y cuyo final no expresamos o no conocemos:

2. Condicional: Vermutung in der Vergangenheit
Como veremos en la L 29 – Estilo indirecto –, el Condicional puede expresar una acción que en el pasado era futura (por ejemplo: Pensé que vendría).
Y como el futuro expresa una suposición respecto al presente (Ahora serán las cuatro), el Condicional puede expresar una suposición respecto al pasado: *Serían las cuatro.*

3. «vor» temporal
A una sola palabra alemana – «vor» – le corresponden dos expresiones españolas cuando se trata de expresar relaciones temporales. La diferencia se podría dibujar así:

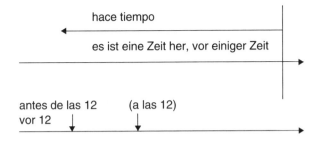

En el segundo caso, el momento puede ser presente, pasado o futuro. Por eso no aparece en el dibujo ninguna referencia al momento presente.

4. Fragepronomen: ¿qué? / ¿cuál?
Lo que más les suele costar a los alumnos es asimilar las frases del tipo ¿Cuál es + sustantivo?. En alemán les corresponden frases como «Was/wie ist Ihre Meinung?», y no «Welches ist ...»

C   Los Ejercicios

1
Reconstruir el texto completando las frases clave.

1. en mi casa 2. ventana 3. el débil golpe 4. cayó en mi cama 5. los demás 6. al fin 7. no tiene sentido 8. estaba en el bolsillo 9. voz firme 10. podían salvarme 11. hace tiempo 12. aquel niño 13. el perdón 14. un acto de justicia 15. nada 16. cuál

2
Expresar lo que uno supone respecto al pasado: Condicional.
A lo mejor sirve para aclarar las relaciones temporales una repetición del ejercicio 8 de la L 13, que se refiere a suposiciones respecto al presente.

1. tendría unos 70 años 2. tendría un revólver 3. hablaría consigo mismo 4. vería a su amigo 5. oiría unos pasos 6. le diría que quería matarlo 7. le contestaría la verdad 8. le preguntaría por qué venía

3-4
Ejercicios de imaginación y de expresión libre hablando de situaciones y acciones pasadas.

5
Otro ejercicio de expresión libre. Se trata de imaginarse situaciones o acciones paralelas (como las que hemos representado gráficamente con la doble línea ondulada).

6
a) Completar el texto, que tiene reminiscencias de la L 16 y 17.
b) Personalizarlo en primera persona de singular, variándolo con alguna idea propia. Lo puede contar libremente uno de los alumnos, con la ayuda de los otros que le «apuntan» o le ayudan haciendo las preguntas oportunas para que pueda seguir.

1. se levantó 2. estaba 3. llamó 4. contestaron 5. volvió 6. pidió 7. era 8. había 9. metió 10. llevaba 11. consiguió 12. bajó 13. tenían 14. pagó 15. subió 16. llegó 17. podía 18. estaba

7
Para poder combinar bien las frases, hace falta comprender lo que expresan los diferentes pretéritos.

8
Expresar simultaneidad o anterioridad, en el pasado.

1. comía/había comido 2. subía/había subido 3. preparaba/había preparado 4. se despertaba/se había despertado 5. explicaba/había explicado 6. llovía/había llovido 7. estaba esperando/había estado esperando 8. esperaba/había esperado

9
Repaso de vocabulario de dos grupos semánticos: la comunicación y comprensión, por una parte, y la falta de comunicación y de comprensión, por otra.
La tarea de identificar algunas palabras desviadas de un grupo al otro aumenta la concentración del alumno.
Los extraños del primer grupo: matar, revólver, guerra, terror.
Los extraños del segundo grupo: comunicar, preguntar, hablar, comprender.

10
a) Completar un diálogo en una tienda. Se trata de comprar diferentes cosas y de escoger: ¿qué ...? / ¿cuál?
b) Representarlo e inventar variantes.

¿cuál quiere? – ¿qué crema? – ¿cuál de éstas? – ¿cuál quiere? – ¿cuál quiere? – ¿qué peine?

11
Usar *antes de* y *hace* (correspondientes los dos, en alemán, a «vor»).

1. hace 2. antes de 3. hace 4. antes de 5. hace 6. antes de 7. hace 8. hace 9. antes de 10. antes de 11. antes del 12. hace

12
Repaso de antónimos y ampliación de vocabulario mediante algunos elementos de formación de contrarios: *des-*, *im-*, etc.

1. débil 2. mala 3. alegre 4. antigua 5. agradable 6. seguro 7. intranquila/nerviosa 8. discreta 9. exacto 10. justo 11. desconocido 12. capaz 13. normal 14. largo

13
Traducción
En parte, se repiten frases sacadas de la misma lección.

Me costó mucho creer lo que decía/dijo. – No esperaba una visita a estas horas. – Cuando oí el ruido serían las cuatro de la tarde. – Desde la ventana lo vi llegar. – Los años no sólo pasan para uno (mismo), pasan también para los demás. – Al fin nos encontramos después de esperar varias horas. – Lo que haces no tiene sentido. – Mientras yo hablaba, él seguía mirando la televisión. – No soy un hombre fuerte, soy débil. – Se trata de una venganza ridícula. – Tengo que pedirle perdón por lo que he hecho. – Sus argumentos no tienen sentido. – De momento estoy rendido y por las mañanas me cuesta mucho despertarme. – Te he preguntado por qué has hecho esto, pero no me has contestado todavía. – ¿Qué ocurre? No ocurre nada/no pasa nada.

D Comprensión auditiva

Recomendamos empezar leyendo las preguntas, que contienen alguna palabra nueva y, asímismo, dan una clara orientación a la audición del texto de Borges.
El segundo texto es más fácil y no requiere ningún tipo de preparación.

Habla Jorge Luis Borges
- ¿Qué ha sido para Vd. lo más hermoso de la vida?
- He encontrado la amistad, he encontrado el amor, he encontrado, sobre todo, los libros y el estudio de las lenguas. Yo, a los 18 años, me enseñé alemán ... Compré las obras de Heine y un diccionario y me puse a estudiar, solo, y después de algunos meses estaba leyendo a los grandes escritores alemanes.
- ¿Cómo es el trabajo del poeta, del escritor?
- No se trata de trabajar de tal a tal hora. Incluso, cuando se duerme, cuando se sueña, se puede escribir. Una vez me desperté con una poesía clavada en la memoria.

Era un regalo del sueño. Estaba ya escrita. Sólo tuve que cambiar una palabra, que ahora no recuerdo, pero sé que tuve que cambiarla.

1. sí 2. no 3. sí 4. sí 5. sí 6. sí

Una noche
Vd. pregunta qué tal lo pasaron anoche sus amigos en un concierto.
– Cuando llegamos ya no había entradas, así que nos quedamos un rato allí a ver si venía alguien y vendía las suyas, y sí, tuvimos suerte, vino una señora y nos vendió sus entradas. Lo que pasa es que era en un sitio malísimo y no se veía nada. Pero en fin, nos gustó. Lo pasamos bien. Además, a la salida, cuando íbamos ya al autobús, nos encontramos con unos amigos y estuvimos por ahí / y nos fuimos por ahí, con ellos, hasta bastante tarde.

1. sí 2. no 3. no 4. sí 5. sí 6. no

TEST 4

1
Test de morfología: Perfecto simple.

1. tuve 2. conseguiste 3. logró 4. estuvimos 5. pudisteis 6. pusieron 7. hicieron 8. dije 9. fuiste 10. consiguió 11. sentimos 12. fue 13. hubo 14. quisisteis 15. mencionaron 16. vine 17. trajeron 18. pasaste 19. esperaste 10. costó

2
Empleo del Perfecto simple y del Perfecto compuesto.

1. he quedado 2. fui 3. he alquilado 4. encontré 5. traté 6. hice

3
Contar cosas de la niñez (Imperfecto).

1. iba 2. tenía 3. costaba 4. encerraba 5. leía 6. conseguía, quería 7. iba 8. impresionaban 9. pensaba 10. importaba

4
hace – delante de – antes de (correspondientes los tres, en alemán, a «vor»).

1. delante de 2. hace 3. antes de 4. hace 5. delante de 6. antes de 7. hace 8. antes de 9. delante de 10. hace

5
Elección múltiple entre cuatro Pretéritos.

1. subí 2. me ha costado 3. me pasaba 4. oí 5. volvían 6. ha vuelto 7. habían roto 8. discutía 9. cayó 10. habían recibido 11. quedamos 12. ha estado

6
Usar formas de expresión impersonal.

1. se despierta uno 2. hay que estar 3. se toma 4. se ahorra 5. le queda a uno 6. le interesa a uno

7
Expresar suposiciones relacionadas con el presente y el pasado.

1. se habrá despertado 2. se habrá ido 3. no tendría ganas 4. serían las seis 5. estará 6. le gustará 7. habrá llamado 8. le quedará

8
Repaso general de vocabulario.

1. por 2. cinturón 3. enemigo 4. ridículo 5. precisamente 6. escaparate 7. tamaño 8. ahorras 9. mal 10. maneras/formas 11. ventanas 12. vez 13. perder 14. capaz 15. único

21 Alegrías y quejas

Gloria Fuertes nació en 1917. Es difícil clasificar su poesía: «Yo escribo, con perdón, como me da la gana ...», dice ella misma. Su poesía es muy personal, autobiográfica y popular a la vez. Su tema es lo cotidiano de la vida: la soledad, la tristeza, el amor, el humor, el hombre, la vida, las injusticias, las guerras ...
Gloria Fuertes también escribe para niños.

A El Texto

Un ejemplo sencillo de *gustar que + Subj.* podrá preparar y facilitar la lectura. El profesor podría «contar», por ejemplo:
«Cuando voy de viaje o estoy de vacaciones, siempre llamo a mi madre. A mi madre le gusta que la llame de vez en cuando ...»
En el tablero se pone: Llamo a mi madre.
                          Le gusta que la llame.
La mayoría de los verbos que salen en Subjuntivo son conocidos ya, de modo que los alumnos podrán observar por sí mismos el nuevo fenómeno morfológico, con el cambio de vocal en las terminaciones: cerrar → cierr-e, leer → le-a, abrir → abr-a.

Los otros verbos de la poesía se pueden explicar fácilmente con gestos:
apoyar los codos
estremecerse (de alegría)
asomarse (tanto hacia fuera, a la ventana, como hacia dentro, al armario)
La idea de considerar las cosas como seres vivos aparece en muchos poetas, como vemos en la cita de Azorín. El final de la poesía parece referirse a otra de Antonio Machado, que acaba así:
...
como perro sin amo,
que no tiene huella ni olfato
y yerra por los caminos ...

La ilustración
«Cosas» en el Rastro de Madrid.

B La Gramática

2. Sentido y empleo del Subjuntivo
Creemos útil la observación que hacemos sobre lo que *no* es y cómo *no* debería traducirse o interpretarse este modo del verbo español. Demasiados errores que hacen demasiados extranjeros se deben a la falsa ecuación terminológica Subjuntivo = Konjunktiv (forma propia del estilo indirecto en alemán, opuesta al Indicativo en espa-

ñol) que se encuentra en algunos manuales y gramáticas, o a la interpretación irreflexiva del Subjuntivo como forma de la «irrealidad» o de la «no realidad» (término éste último que usa la R.A.E. en su «Esbozo de una Nueva Gramática Española»).
Baste con unos pocos ejemplos de lo que queremos decir:
Cuando venga mi padre tiene más probabilidad y realidad para el hablante que *Si viene mi padre.*
Me alegro de que hayas venido expresa la alegría sobre un hecho indudable, no dudoso.
El hecho de que no llame ...: no hay expresión más real ...
Los casos de empleo del Presente de subjuntivo que se representan en este método son los siguientes:

1. Después de verbos que expresan sentimientos, como *gustar, alegrarse, estar contento + que*. L 21
2. Después de *cuando* para expresar un futuro. L 21
3. Después de verbos que expresan voluntad, permiso, prohibición + que. L 22
4. Después de expresiones impersonales del tipo *es mejor que*, L 22, *conviene que* L 26.
5. Después de verbos que expresan incredulidad o convicción contraria (que no es lo mismo que «duda», como suelen decir algunos libros), como *no creo que ..., dudo que ...* L 22
6. En frases repetitivas del tipo *Hagas lo que hagas.* L 22
7. Después de algunas conjunciones: *para que* L 23, *sin que* L 26
8. En oraciones de relativo que expresen deseo o condición: *un colegio que le guste.* L 23
9. Uso optativo con *quizás, tal vez.* L 23
10. Uso en frases con *aunque* L 24, con *mientras y hasta que* L 27, como expresión de futuro.
11. En las frases estereotipadas del tipo *Como/cuando/lo que quieras.* L 24
12. En estilo indirecto, sustituyendo al imperativo del estilo directo. L 29

C Los Ejercicios

1 - 2

Como se trata tanto de unas formas nuevas – Subjuntivo – como de un empleo que no tiene paralelo en el idioma del alumno, ofrecemos muchos modelos para ir familiarizándolo – de forma consciente e inconsciente – con los nuevos fenómenos. Proponemos varias fases:
a) Los alumnos escuchan sólo los modelos. (Para profesores con ciertos conocimientos de sugestopedia, es un caso ideal para trabajar con un fondo de música adecuada).
b) Los alumnos escuchan los modelos teniendo el texto a la vista.
c) Hacen la tarea de convertir el singular al plural, y viceversa.
De esta manera, las nuevas formas y su uso se irán grabando poco a poco tanto de forma acústica como de forma visual.

3

Discernir entre *si + Indicativo* y *cuando + Subjuntivo* (como expresión de futuro). Si quiere, puede subrayar con gestos las dos ideas expresadas por las dos frases: sobre todo, la de futuro, con un movimiento de la mano.

1. si 2. cuando 3. si 4. cuando 5. cuando 6. si 7. si 8. cuando 9. cuando 10. si 11. si 12. cuando

4

Discernir entre *cuando + Indicativo* y *cuando + Subjuntivo*. A lo mejor, también se le ocurren dos gestos diferentes para las dos frases.
El gesto del futuro será el mismo que en el ejercicio anterior.

1. acabo 2. acabe 3. lleguemos 4. llegamos 5. canta 6. cante 7. paga 8. pague 9. logran 10. logren 11. necesites 12. necesitas

5

Ejercicio para repasar y completar el vocabulario del tema de la casa.

mesa – sillas – butacas – televisión – radio – cuadros – ventanas – puertas – cama – sábanas – armario – lavabo – espejo – ducha – cocina – gas – lavaplatos – nevera

6

Fijamos este vocabulario y seguimos al mismo tiempo las ideas de Gloria Fuertes diciendo lo que le gusta a la puerta, a la butaca, etc.

1. que la abra y la cierre 2. que me siente en ella 3. que duerma/me acueste/me eche en ella 4. que meta y saque la ropa 5. que escuche música 6. que lo coja y llame 7. que ande sobre él 8. que los pinte 9. que deje mi reloj en ella 10. que la arregle y la limpie 11. que me mire 12. que apoye los codos, que estudie en ella 13. que lave platos, etc.

7

Repaso de negaciones: nada, ninguno, etc.

1. nada 2. ninguno 3. ninguno 4. nunca 5. a nadie 6. con nadie 7. tampoco 8. tampoco 9. nunca 10. nada 11. ninguna 12. ninguno / (ningún amigo)

8
Expresar emociones y actitudes personales: me gusta, me alegro, no me importa, etc. No añadimos todavía la invitación a que los alumnos digan libremente lo que les gusta o de qué se alegran porque les faltan aún las formas irregulares del Subjuntivo, que saldrán en la lección siguiente y que harían falta para la expresión libre.

9
Frases corrientes, con la tarea de completarlas o con Indicativo o con Subjuntivo. Vamos fijando el empleo correcto de los dos modos del verbo.

1. visiten 2. visitan 3. lee 4. lea 5. se acabe 6. se acaba 7. te levantas 8. te levantes 9. llegas 10. llegues 11. te sientes 12. te sientas 13. te eches 14. te echas 15. existen 16. existan

10
La conversación sobre un apartamento o piso alquilado en las vacaciones, después de completada, puede ser representada libremente (y probablemente acortándola). Por otra parte, habrá alumnos que podrán contar algo de sus propias experiencias y contestar a las preguntas de los otros.

el piso que – con unas camas – a mí – para mi gusto – con una mesa – había llevado – era un piso – a hoteles – no le gusta – el año

11
Traducción
Están en cursiva las palabras que exigen el uso del subjuntivo ...

No me gusta que trates así al perro.
No me importa que te sientes con ellos y no con nosotros.
Cuando / tan pronto como acabe el curso iré de vacaciones a Francia.
Cuando leas el libro, te gustará mucho.
Me alegro de que a los niños les guste tanto vivir aquí.
No me quejo de que no me escribas nunca, ya sé que no tienes tiempo.
Me gusta que comprendas por qué lo hago.
No me gusta que llegues siempre tarde.
No me gusta que cojas siempre mis cosas sin preguntar antes.
*Cuando llegue*s allí, mi hermano estará en la estación.

12
Crucigrama

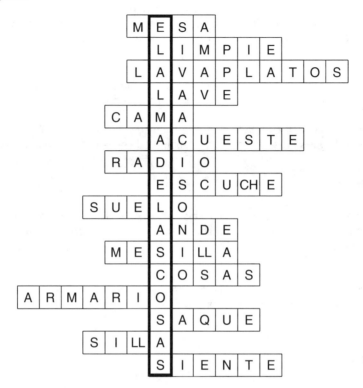

D Comprensión auditiva

Como el texto es relativamente largo, se puede interrumpir al final del primer párrafo: «... atada de pies y manos ...», que corresponde a las preguntas 1 - 9, repitiendo la audición de esta parte.

Una chica que cuida niños
Una amiga suya que trabaja en una casa cuidando niños, le cuenta cómo le va.

– En realidad, estoy muy bien pagada. De eso no me quejo. Y los niños son muy graciosos y me quieren mucho. Pero la madre es una señora insoportable. Ella hace lo que quiere, pero a mí me tiene harta. No le gusta que hable por teléfono ni tampoco le gusta que me llame nadie. No le gusta que abra la puerta a nadie porque se cree que nos van a matar a todos ... Es una loca. No le gusta que mire alguna vez la televisión. No le gusta que me siente en el balcón por las noches cuando no está ella, y

que hable con un chico muy simpático que vive al lado. Ni siquiera le gusta que juegue con los niños o que les cuente cosas si se despiertan por la noche, porque a veces los pobres no tienen sueño. Así que estoy allí atada de pies y manos ...
Ahora, ella hace lo que quiere. Dice que vuelve a las once de la noche del teatro, y vuelve a las tantas, y yo pierdo el último autobús, y ni siquiera me lleva en coche a casa o me da para un taxi.
Total, que cuando encuentre algo, cuando pueda, me voy. Ya te digo, estoy harta de ella ...

1. no 2. sí 3. sí 4. sí 5. no 6. sí 7. no 8. no 9. no 10. no 11. sí 12. no 13. sí

Una vez hecho el ejercicio entero, los alumnos pueden volver a escuchar el texto con la tarea de recordar algunas palabras o expresiones todavía desconocidas, para ver qué podrían significar: gracioso – insoportable – ni siquiera ...

22 Hagas lo que hagas ...

El infante don Juan Manuel (1282 - 1348) es sobrino de Alfonso X el Sabio (1252 - 1284), rey que tuvo una vida política desgraciada, pero que fue muy importante para las letras. En Toledo, Murcia y Sevilla fundó escuelas en que moros, judíos y cristianos se dedicaban al estudio y traducción de las obras clásicas, sobre todo de la filosofía griega, que de esta forma se recuperó para Europa.

A El Texto

«En los cuentos del Conde Lucanor, éste propone a Patronio, su consejero, un ‹caso› determinado de las relaciones humanas, y éste lo resuelve con un cuento (influencia oriental). El texto que vamos a leer es el resumen de uno de estos cuentos, en lenguaje actual.»

Está bien, padre.
Recordar que no existe en español la combinación »ser bien».

El texto se prestaría para representarlo, repartiendo los papeles: Narrador – Padre – Hijo – Gente (el resto del grupo).

La ilustración
Antonio Mingote, dibujante y humorista español, colaborador en periódicos y revistas.
La ilustración representa una escena callejera en la Edad Media, con el detalle anacrónico de una vendedora con su puestecito ambulante colgado al cuello (como algunos vendedores callejeros que ofrecen tabaco, cerillas o pequeños juguetes en la actualidad ...).

B   La Gramática

1. Presente de subjuntivo: derivación regular
La mayoría de los verbos que en Presente de indicativo son irregulares siguen la misma regla de derivación del Presente de subjuntivo, de modo que pueden considerarse como «regulares». En el párrafo siguiente se presentan las pocas excepciones.

3. Empleo del Presente de subjuntivo
Decimos que en el empleo del Subjuntivo después de expresiones del tipo *es + adj. + que* hay pocas excepciones. Se trata de:
es seguro que viene
es evidente que no viene
Parece que en estos casos no existe, como en los otros, el elemento de deseo, consejo o emoción, sino que transmiten más bien una información fría, objetiva.

C   Los Ejercicios

1
Como en la lección anterior, damos muchos modelos, en frases corrientes, tanto de las nuevas formas del Subjuntivo como de su uso. Es preferible realizar el ejercicio en tres fases:
a) Los alumnos escuchan sólo los modelos (a lo mejor, con música).
b) Los alumnos escuchan los modelos teniendo el texto a la vista.
c) Realizan la tarea de transformación.

2
Repaso de expresiones (más o menos) antónimas.

> 1. gordo 2. rico 3. joven 4. a pie 5. ir a pie/andar 6. bajar del autobús 7. exactamente 8. estar mal 9. mucho 10. menos 11. entrar 12. hablar 13. tener calor 14. abrir 15. nacer 16. cansarse

3
Expresar convicción – *creo, pienso, digo, me parece que* – y expresar lo contrario: *No creo ..., o sea que, me parece mentira*.

> 1. es 2. vayamos 3. son 4. vayan 5. vamos 6. esté 7. va 8. sudes 9. tiene 10. tengas 11. tiene 12. sea 13. está 14. esté 15. dejarán 16. permitan 17. tenemos 18. suba 19. critica 20. critique 21. ha 22. haya 23. ha 24. haya

4 - 5

Los alumnos tienen cierta tendencia a no usar el infinitivo donde se puede, sustituyéndolo por frases inútilmente complicadas. Los dos ejercicios ayudan a fijar el empleo del infinitivo, que facilita tanto la comunicación.

(Ejercicio 4)
Me alegro de que ...
1. no trabajes 2. estés contento 3. te guste 4. no te quejes 5. no creas 6. te alegres 7. estés contento 8. te guste 9. no te quejes 10. no creas

(Ejercicio 5)
1. que consiga 2. que construya 3. que lo haga 4. que llegue 5. que no ponga 6. que descanse 7. que vaya andando 8. que piense 9. que sude 10. que tenga 11. que encargue 12. que se eche 13. que vaya andando 14. que esté

6
«Relaciona». Discernir el uso del indicativo y del subjuntivo, con algunos verbos de los más frecuentes de la conversación diaria.

7
Saber reaccionar en diferentes situaciones. Expresión libre.

8
«Relaciona». El ejercicio es, hasta cierto punto, un pretexto para poder dar una serie de modelos con el verbo repetido. El alemán no tiene la misma estructura: Wie dem auch sei ..., Du kannst sagen, was du willst ..., Koste es, was es wolle ..., Was auch immer er ißt ..., etc.

9
Conversación sobre la posibilidad de aparcar. Como siempre, completarla para representarla después.

se puede – no creo – es/será mejor – hay uno – yo creo

D   Comprensión auditiva

Leer primero las preguntas, antes de escuchar el texto. Después de terminar el ejercicio, los alumnos podrían decir si están de acuerdo con lo que opina el amigo español.

Comentando una discusión
Anoche, durante la cena con unos cuantos amigos, dos de ellos acabaron enfadándose muchísimo. Hoy, Vd. llama a otro de ellos para comentar la discusión y ver qué se podría hacer.

– ¿Verdad que es increíble que los dos, por una tontería, se pongan de esta manera? Pero no creo que sirva de nada, de momento, hablar con ellos o llamarlos. Yo creo que es mejor que no le demos importancia al asunto y que esperemos. Ya se les pasará. Después de todo, nosotros no tenemos la culpa. Además, ya sabes lo que pasa siempre en estos casos: Digas lo que digas, quedas mal o con el uno o con el otro, porque se creen que estás dándole la razón al otro, y encima acabas enfadándote tú también con ellos, y no sirve de nada, ¿no te parece? De todas formas, me alegro de que me lo hayas contado, para saberlo, y cuando ellos me comenten algo, saber lo que de verdad pasó.

1. sí 2. no 3. sí 4. no 5. sí 6. no 7. sí

23 ¡Esto se acabó!

Mario Vargas Llosa (1936 -) es el escritor peruano más famoso de la actualidad («La ciudad y los perros», «La casa verde», «La tía Julia y el escribidor»). Comprometido en la vida política de su país, se presentó como candidato a la presidencia del Perú en 1990.
El libro «La ciudad y los perros», desde su aparición en 1962, ha sido traducido a infinidad de lenguas.

A   El Texto

Puede Vd. dar a los alumnos una breve explicación de la situación:
«Es una conversación entre un chico de unos 16 años y sus padres. El chico ha sacado malas notas en el colegio, al final de curso. El padre quiere que vaya a otro colegio al curso siguiente.»

vine más temprano – salvé el año
El uso del Perfecto simple en vez del Perfecto compuesto es una de las características más generalizadas del castellano en los países latinoamericanos. En Argentina, por ejemplo, ha desaparecido prácticamente, en lenguaje hablado, el Perfecto compuesto. Por lo demás, existen otras diferencias (ver también página 193 del manual), las cuales, sin embargo, no suelen dificultar la comprensión entre españoles y latinoamericanos.
Un ejemplo de nuestro texto sería: enfermarse / ponerse enfermo.

debe (de) ser la gripe
Un tipo de «müssen» que no tiene nada que ver con la obligación o la necesidad, sino que expresa la consecuencia, más o menos lógica, que el hablante saca de los datos de que dispone.

En el ejercicio 12 proponemos reunir los argumentos que pueden tener los diferentes personajes en una situación como la que describe Vargas Llosa.

B La Gramática

1. Empleo del Presente de subjuntivo
para que + Subjuntivo parece lógico, porque la idea expresada es idéntica a *porque quiere que* + Subjuntivo.

C Los Ejercicios

1
Preguntas sobre el texto que sobrepasan la mera comprensión superficial y requieren algunos comentarios libres, interpretativos. Por eso, el ejercicio también se podría hacer al final de la lección.

2
Basándose en el contenido del texto, se expresan las intenciones que tienen el padre y la madre: para que ...

1. cambie 2. estudie 3. conviva 4. no juegue 5. se abra 6. saque 7. no vuelva 8. no eche 9. aprenda 10. ocupe 11. no mande 12. se quede 13. salga 14. deje 15. no mande 16. no busque

3
Seguimos con las ideas del padre y lo que él espera de un colegio para su hijo: un colegio que (+ Subjuntivo).

1. sea 2. le guste 3. sea 4. no sea 5. haga 6. no esté 7. haga 8. lo prepare 9. no le permita 10. tenga 11. sea 12. lo aleje 13. sea 14. sea

4
Ahora nos apartamos de la historia de Alberto, pero seguimos con la misma estructura del ejercicio anterior: la oración de relativo que expresa deseos o condiciones.
Expresión libre: Inventar pequeños anuncios buscando cosas y expresando las condiciones que tienen que reunir.

5
Discernir entre la descripción de una cosa ya existente (modelos) y una cosa deseada, buscada (tarea).

6

En la L 22 se presentó *permitir que + Subjuntivo*. El verbo *dejar* expresa lo mismo y sigue la misma regla: No vamos a *dejar que lo haga*.

No vamos a dejar/permitir que ...
1. se pase el día 2. vaya a alejarse 3. pierda 4.-10. vaya (8. se vaya) 11. haga 12. conduzca

7

Distinguir entre la obligación y la conclusión, las dos expresadas en alemán con «müssen».

1.-5. debe 6.-9. tiene que

8

Expresar relaciones temporales:
- Señalar el momento de una acción pasada, con una especie de «cuenta atrás»: hace 5 minutos
- Hacer lo mismo, pero dando más importancia al tiempo transcurrido desde aquel momento: hace ya 5 minutos que ...
- Señalar el espacio de tiempo en que ya está en marcha una acción o que ya está existiendo una situación: Hace 2 horas que estamos esperando. / Estamos esperando desde hace 2 horas.

1. hace 7 meses 2. hace dos siglos/hace doscientos años 3. hace diez minutos 4. hace tres semanas 5. hace un año 6. hace ya dos años que 7. hace ya dos siglos que 8. hace ya seis semanas que 9. hace sólo un cuarto de hora que 10. desde hace mucho tiempo 11. desde hace varias semanas 12. desde hace tres meses 13. desde hace un año 14. desde hace ya media hora 15. desde hace algunos años 16. desde hace dos siglos 17. desde hace muchos años

9

Formas de expresión: morirse de ...

1. de vergüenza 2. de miedo 3. de cansancio 4. de sueño 5. de curiosidad 6. de calor 7. de frío 8. del susto 9. de la impresión

10

Expresar libremente un deseo o una intención: para que ...

11
Expresión escrita: caracterizar un poco los personajes del texto. Repaso de adjetivos.

12
El role-play se preparará en grupos que apuntarán los argumentos del padre, de la madre y del hijo, respectivamente. Luego se representará la escena.

13
Expresar relaciones temporales.

1. desde hace – desde – hace – hace – que – hace – que – desde que
2. hace – desde hace – desde – hace – hace – que – desde que
3. hace – desde – desde hace – hace – que – hace – desde que

14
Ya hemos señalado que los alumnos tienen a veces la tendencia a la confusión entre Infinitivo y oración subordinada (ejercicios 4-5 de la L 22). Ofrecemos nuevamente un ejercicio para habituarse a distinguir entre los dos casos:
a) La misma persona es el sujeto de la frase principal y de un verbo que sigue: Necesito dinero para pagar.
b) Dos personas diferentes son el sujeto de la frase principal y de una frase subordinada: El padre lo manda al Leoncio Prado para que cambie.

1. para que cambie 2. para prepararse 3. para no perder el curso 4. para descansar 5. para hablar con él 6. para estudiar 7. para estar más tranquilo 8. para tener más amigos 9. para ser más tarde militar 10. hacer esto por ti

D Comprensión auditiva

Será útil leer las preguntas antes de escuchar el primer texto, para que los alumnos conozcan la palabra «fianza». Todo lo demás parece tan lógico que no tendrán problemas en entenderlo todo.

Un amigo busca piso
Le llama por teléfono un amigo que quiere estudiar en la ciudad en que vive Vd.
– Oye, te llamo porque ya sabes que estamos buscando un piso ahí, y hasta ahora, en el periódico, no hemos encontrado nada. Mira, tú que conoces a tanta gente, ¿no nos podrías a lo mejor ayudar? Mira, te voy a explicar un poco lo que buscamos. Necesitamos que tenga 4 habitaciones, que esté en el centro o no muy lejos, porque si no, se nos va todo el dinero en autobuses y transportes, y que no haya que dar, y esto es importante, un dinero de entrada o de fianza, porque la verdad, ya sabes que no lo tenemos entre los cuatro. Lo demás nos da igual, que sea moderno o que sea

antiguo, o bonito o feo, eso es igual, y claro, si es posible, que no cueste mucho. Hay otra cosa: que no prohiban tener perros, porque ya sabes que yo tengo uno ...

1. sí 2. no 3. sí 4. no 5. sí 6. no 7. no 8. sí

La entrevista con Vargas Llosa se puede presentar en dos partes que corresponden a dos temas diferentes: el Leoncio Prado (preguntas 1 - 7) y el carácter peruano (preguntas 8 - 11).
Como se ha propuesto en otros ejercicios de este tipo, los alumnos podrían recordar algunas palabras nuevas del texto:
la afición
la selva
las relaciones humanas
la mitad india

Una entrevista con Vargas Llosa
Vamos a oír parte de una entrevista con Vargas Llosa.
– Vd. llega a Lima el año 47, y en el año 1950 entra Vd. en un colegio, el Leoncio Prado, que parece que fue algo importante en su vida.
– Bueno, mi padre descubrió entonces mis aficiones literarias, y entonces pensó que un buen remedio podía ser el colegio militar. Allí, al mismo tiempo que los estudios había una preparación militar, con lo cual, después, no se tenía que hacer el servicio militar. Un colegio bastante especial.
Un colegio en el que había gente de todas las clases sociales del Perú. Había muchachos que venían de familias de mucho dinero, sus padres los mandaban allí porque eran malos estudiantes o muy traviesos, y también había muchachos de familias pobres que entraban sin pagar y que veían en el colegio la posibilidad de hacer después una carrera militar. Venían muchachos de provincias, de la selva, de la sierra, muchachos de todo el Perú. Cada uno llegaba a este colegio con sus conflictos de región, de familia, de clase ... Y esto era explosivo.
Yo lo pasé muy mal en el Leoncio Prado. Pero, por otra parte, descubrí un poco lo que era mi país ... Descubrí la violencia en las relaciones humanas en mi país, y recuerdo que entonces ya pensé escribir alguna novela sobre esta experiencia.
– Visto desde España, el peruano es un hombre encantador, muy ceremonioso, muy ...
– Bueno, el peruano suele hablar poco, y suele hablar sobre todo de una manera bastante indirecta. Parece que esto nos viene de nuestra mitad india, de los incas. El indio peruano actual es muy solemne, muy formal. Allí está muy mal considerado decir las cosas directamente, todo lo contrario de lo que ocurre en España. Por eso los peruanos, cuando llegamos a España, sentimos como una agresión cuando nos hacen preguntas muy directas. Eso en el Perú no suele ocurrir ...

1. sí 2. no 3. no 4. sí 5. no 6. sí 7. sí 8. sí 9. sí 10. no 11. sí

24 Dos conversaciones

Carlos Fuentes (1928 -), escritor mexicano, ha contribuido poderosamente a la fama de la novela hispanoamericana actual. «Aura» se publicó al mismo tiempo que «La muerte de Artemio Cruz» (1962), su novela más famosa. Fuentes la cita siempre como una de sus novelas favoritas. Hay diversas traducciones de ella. Es la corta historia de un profesor que se enamora de una joven, en un antiguo caserón de la ciudad de México, y descubre más tarde que, por poderes de brujería, la joven y su anciana tía son la misma persona y él, según comprueba por una vieja fotografía, es gemelo del marido muerto...

Miguel de Unamuno (1864-1936) escribió novelas («Niebla») y ensayos filosóficos y literarios. Pertenece a la llamada «Generación del 98» (ver Azorín, L 8, y Pío Baroja, L 13). Como filósofo fue catedrático de la Universidad de Salamanca.

A   Los Textos

«Los dos textos presentan, a dos niveles diferentes, el mismo tema: una relación humana. El primero es el diálogo de una pareja de enamorados, el segundo, un diálogo entre un ‹señor› (don Augusto) y una criada ...»
Después de leerlos y comprenderlos, y antes de pasar a la explicación gramatical, se podrían hacer a los alumnos estas preguntas:
– ¿Se hablan las dos parejas de la misma manera?
(Uso del tú en la primera conversación, del Vd. y el «don» en la segunda, en la que no se hablan de igual a igual).
– ¿Quién hace las preguntas, quién «domina» en la primera y en la segunda conversación?
(La ansiedad de las preguntas viene, en la primera, de Aura, y en la segunda, de don Augusto).

La ilustración
Picasso: Escultor y modelo. París, abril de 1933.
Incluido en la llamada «Suite Vollard», una serie de 100 aguafuertes (Radierungen) del artista, que tienen en su mayoría como tema escenas del taller de Picasso, que se dedicaba en esa época preferentemente a la escultura.

B   La Gramática

1. Empleo del Presente de subjuntivo
Es frecuente el uso del Subjuntivo después de *aunque* incluso tratándose de un hecho real y conocido y no de una situación imaginada. Por otra parte, si los alumnos quieren seguir una regla clara – aunque no obligatoria – deberán atenerse a la explicación que damos:

aunque + Subjuntivo: acción o situación imaginada (y muchas veces futura)
aunque + Indicativo: hecho conocido.

C   Los Ejercicios

1
Comentario e interpretación de las dos escenas.

2
Empleo dialogado de 3 frases con que ofrecemos a otra persona que tome la decisión: Cuando quieras. Lo que quieras. Como quieras.

> 1. cuando quieras 2. lo que quieras 3. como quieras 4. lo que quieras 5. cuando quieras 6. como quieras 7. cuando quieras/como quieras 8. lo que quieras 9. lo que quieras 10. como quieras 11. como quieras 12. como quieras

3
Práctica de diferentes frases con *aunque*, que señalan una situación o acción imaginada.

> 1. tengas 2. quieras 3. horrorice 4. tenga 5. encuentres 6. hayas comprado 7. tomes 8. vivas 9. cueste 10. vayan 11. estén

4
Presentación de ejemplos en los que *lo que* da más énfasis a lo que se quiere decir. La tarea de relacionar las dos partes de cada frase requiere la comprensión de los elementos.

5
Completar libremente una serie de frases sencillas (que tienen todas un verbo que exige el Subjuntivo).

6
Todos los ejemplos sirven de nuevo de «input», como en el ejercicio 4, de *lo que*. Se completarán las frases libremente, una por una, dándoles entre todos varias soluciones, o se forman parejas que apuntan lo que se les ocurre para completarlas, para después comparar las diferentes ideas.

7
Práctica de las frases del tipo ¿*Cuál es* + *sustantivo?* Es útil este ejercicio porque en alemán se diría *Was/wie* (y no: *welche*) *ist deine Meinung?*

1.-8. ¿cuál es...? 9. ¿cuáles son sus planes?

8
Práctica de diferentes posibilidades de expresar necesidad, consejo, explicación (y también reproche). Poner atención en el ritmo y la entonación de las frases *Lo que (te) pasa es que ...*

9
Ofrecerse para hacer algo por otra persona. (En alemán: *Soll ich ...?*)

¿Quiere que ...?
1. le explique 2. le acompañe 3. le escriba 4. llame 5. le traduzca 6. hable 7. le explique 8. vaya 9. le acompañe 10. le lleve

10
Práctica de algunos adjetivos que tienen (por lo menos) dos significados y se usan, según lo que se quiera expresar, con *ser* o con *estar*.

1. está 2. es 3. es 4. está 5. está(s) 6. es 7. estás 8. es 9. estado 10. son

11
En este ejercicio se trata de la distinción entre cualidades básicas o esenciales (ser barato) y estados o situaciones actuales
(estar barato).

1. son 2. están 3. están 4. son 5. es 6. está 7. está 8. es 9. es 10. está 11. es 12. está 13. está 14. es

12
Traducción
Es una carta que contiene una serie de motivos frecuentes en cartas personales: agradecer una carta, explicar por qué uno ha tardado en escribir, invitar a su casa, etc.

Querida Margarita:

¡Qué alegría (recibir) tu carta! Aunque no me (lo) creáis, yo también me acuerdo mucho de vosotros, lo que pasa es que no tengo tiempo de escribir. Como ya hablamos en invierno, ¿por qué no venís por aquí cuando tengáis unos días libres? Hay sitio para todos, podéis estar tranquilamente unos días aquí. Además, yo estoy casi todo el día fuera, así que podéis hacer lo que queráis/tengáis ganas: quedaros en casa, en el jardín, o ir a la playa. Podéis venir ya a principios de verano, aunque a finales de verano, en agosto, hay mucho menos gente y es más agradable. ¡Como queráis! Ya sabéis que me alegro siempre/de todas formas.

Espero que me perdonéis este silencio tan largo y que me contestéis pronto.

Un abrazo,   Cristina

D   Comprensión auditiva

Se trata, de nuevo, de un ejemplo de cómo las ideas fundamentales de un texto se pueden comprender aunque uno no sepa todas las palabras.

Carlos Fuentes sobre la Revolución mexicana
Carlos Fuentes, escritor mexicano, habla sobre el sentido de la Revolución mexicana.
– Bueno, en verdad, los mexicanos no se conocían entre sí, y lo hicieron gracias a la Revolución, gracias a las grandes cabalgatas de Pancho Villa, que venía desde el Norte, y las de Zapata, que venía desde el Sur, para encontrarse todos en la Ciudad de México. Todas esas gentes traían consigo canciones, colores, modos de hablar, modos de amar, modos de comer, modos de odiar, modos de ser que finalmente se encontraron ...
Cuando los soldados de Zapata ocuparon la Ciudad de México en 1915, con sus grandes sombreros de palma y sus fusiles, entraron en las grandes casas de la aristocracia y allí descubrieron un lujo que no conocían: escaleras maravillosas, suelos de mármol, pero sobre todo descubrieron grandes espejos ... Entonces, dejando los fusiles, empezaron a mirarse en los espejos. Porque aquella era la primera vez que se veían. Nunca se habían visto antes ni sabían cómo eran. Y estaban allí reunidos y diciéndose: «Mira, soy yo, y ése eres tú.» Y finalmente: «Somos nosotros» ...
Es una forma de decir que la Revolución permitió a México descubrir el «nosotros», y ésta es la gran vitalidad de la Revolución mexicana, que es un hecho cultural e histórico muy profundo, que sigue vivo en los mexicanos ...

1. sí 2. sí 3. sí 4. sí 5. sí 6. no

Después de haber contestado las preguntas, que resumen la esencia del texto de Carlos Fuentes, los alumnos podrían reunir, como en ocasiones anteriores, palabras y expresiones nuevas, independientemente de si las han entendido o no:
amar – odiar; el modo de ser; sombreros de palma; fusil; lujo

TEST 5

1
Uso del Presente de subjuntivo después de diferentes verbos + que.

1. estudies 2. llegue 3. gusten 4. escriba 5. hayas 6. cuentes 7. diga 8. sepa 9. te acuestes 10. puedas

2
Decidirse por el empleo de Subjuntivo o de Indicativo: casos clásicos y básicos.

1. conduce 2. quieras 3. vamos 4. vaya 5. salga 6. siga 7. conduce 8. digas 9. conozca 10. sirvan 11. limpie 12. quieras 13. haga 14. sepas 15. quieras 16. va 17. acabe 18. guste 19. da 20. dé 21. llegamos 22. despierten 23. han 24. pongo

3
Expresar relaciones temporales: desde – desde hace – desde que – hace.

1. desde hace 2. hace 3. desde 4. desde 5. hace 6. desde que 7. desde 8. desde hace 9. desde 10. desde hace 11. desde que 12. desde 13. desde hace 14. hace 15. hace

4
Emplear el verbo adecuado: ser/estar.

1. está 2. es 3. es 4. estamos 5. estás 6. es 7. está 8. estás 9. estaba 10. es 11. es 12. es 13. estoy 14. es 15. está 16. es

5
Test de vocabulario, basado en la comprensión de las frases.

1. silla 2. cama 3. dirección 4. tranquilo 5. sudando 6. delgado/a 7. duele 8. comienzan 9. jugando, paseando 10. buscar

6
Traducción
Sigue, más o menos, la línea del cuento del Conde Lucanor (L 22), adaptada a la vida de un alumno.

Hagas lo que hagas ...

Pablo tiene un examen de inglés mañana. Tiene miedo porque no ha estudiado mucho en este curso/año. Quiere estudiar toda la noche.

Su madre entra y le dice:
- Es mejor que primero te eches un rato y descanses. Así podrás estudiar mejor después.

Pablo obedece y se echa. Un poco más tarde, entra su padre en la habitación y lo ve en la cama. El padre le dice:
- ¡Es increíble! ¡A estas horas, estás en la cama! No creo que sea el momento de perder el tiempo. Es mejor que te prepares para el examen, ¿no te parece? No quiero que vuelvas a repetir curso ...

Pablo empieza a estudiar otra vez, pero en la cama. Su hermano mayor entra y le dice:
- ¿Qué estás haciendo? ¿Y así te preparas para un examen? Hombre, así ni estudias ni descansas ...

25 De prisa, de prisa ...

Eduardo Mendoza (1943 -), nacido en Barcelona, residió algún tiempo en Nueva York. Es uno de los escritores más conocidos en la actualidad en España. Su novela «La verdad sobre el caso Savolta» (1975) obtuvo el Premio de la Crítica.

A   El Texto

«La isla inaudita» es la historia de un «viaje sentimental», una novela de amor y humor, en la que el viajero Fábregas se sale de la rutina de su vida barcelonesa para perderse en una Venecia cotidiana e irreal al mismo tiempo.
Gran parte de la conversación entre el médico y Juan Fábregas, que no recuerda lo que ha pasado, es completamente normal, mientras que en algunas frases se nota la ironía del médico ...
¿Cuántos dedos tiene aquí?
El médico le pone delante de la cara unos dedos para observar si ve bien.
Después de haber entendido el texto, los alumnos podrían decir
- qué frases pertenecen a una conversación normal entre médico y paciente (la mayoría de ellas)

- y qué frases del texto es poco probable que se digan, en la realidad, en una situación así. (¿Le gustan los toros? ¿A qué viene esta sandez? ¿Quién de los dos está diciendo sandeces? No escupa ni se trague el termómetro.
¿Se había desnudado anteriormente en un lugar público? Con la punta de la lengua no se va muy lejos. La gente disfruta rompiéndose la crisma.)

La ilustración
Francisco de Goya y Lucientes (1746-1828): Goya y su médico Arrieta.
Goya mismo explica, en el texto al pie de su cuadro: «Goya agradecido a su amigo Arrieta: por el acierto y esmero con que le salvó la vida en su aguda y peligrosa enfermedad, padecida a fines del año 1819 a los setenta y tres de su edad. Lo pintó en 1820.»
Goya es famoso por sus retratos de la familia real de Carlos IV, sus representaciones de costumbres populares y sus cuadros y aguafuertes que reflejan los acontecimientos de su tiempo (Los fusilamientos del 2 de mayo; Caprichos; Desastres de la guerra).

B   La Gramática

1. El imperativo (Vd., Vds., nosotros)
Lo único nuevo que tienen que asimilar los alumnos es la colocación del pronombre personal respecto al imperativo (párrafo 3), ya que las formas de éste coinciden con el Subjuntivo que ya conocen.

4. seguir sin + Infinitivo
Esta perífrasis se añade a las otras ya conocidas: ir a – acabar de – estar + Gerundio – seguir + Gerundio – volver a.

5. Cuatro verbos frecuentes y su régimen
La inmensa mayoría de los verbos españoles coinciden en su estructura sintáctica con los correspondientes verbos alemanes. Los cuatro verbos aquí mencionados merecen un comentario porque son representativos de las relativamente pocas excepciones que hay.
pedir, preguntar, recordar: el complemento de persona es complemento indirecto – te pido, te pregunto, te recuerdo algo.
agradecer: el complemento de cosa no se indica con preposición, sino que es complemento directo – te *lo* agradezco.

C   Los Ejercicios

1
El ejercicio presenta una serie de imperativos en diferentes contextos: el médico, un vendedor, una persona que le explica el camino. Recuerde las diferentes fases en que se puede hacer este tipo de ejercicio.

2

Una persona se ofrece a hacer algo por la otra (modelos). La otra le dice que (no) lo haga. Aparte de estos mensajes, se practica la colocación del pronombre personal respecto al imperativo afirmativo y negativo.

1. ábralo/no lo abra 2. tráigalas/no las traiga 3. pídalo/no lo pida 4. llámela/no la llame 5. llame/no llame 6. cuéntelo/no lo cuente 7. inténtelo/no lo intente 8. conteste/no conteste 9. inténtelo/no lo intente 10. dígala/no la diga

3

Completar los ruegos expresados con cortesía – ¿Quiere ...? ¿Podría ...? – con la forma más directa: Imperativo.

1. extiéndalos 2. bébalo 3. desnúdese 4. tómelas 5. ciérrelos 6. échese 7. sáquela

4

a) «input» de formas corrientes de Imperativo. Escucharlas/leerlas para comprenderlas ...
b) Después, parafrasearlas con formas menos directas.

5

Expresar ruegos: Imperativos. Como les precede un complemento directo (acusativo), llevan añadido un pronombre personal (ver L 5.4).

1. póngalos 2. mándelos 3. encárguelas 4. acompáñelos 5. pídalas 6. dedíqueles 7. fúmelos 8. hágalas

6

Preguntas/respuestas entre paciente y médico. El médico contesta con órdenes negativas.

1. no se siente 2. no la cierre 3. no la tome 4. no los abra 5. no se acueste 6. no se vista 7. no se vaya 8. no llame

7

Frases para familiarizarse con los verbos presentados en el párrafo 5 de la Gramática. Después de leerlas para comprenderlas, se completarán libremente.

8
Preguntas/respuestas: Se practica la oferta, el rechazo y la aceptación.
Es importante que los alumnos se den cuenta de una forma facilísima del español de expresar un ofrecimiento: ¿Le mando el paquete? *Soll ich ...?*

1. búsquemelas/no me las busque 2. tráigamelo/no me lo traiga 3. ciérremela/no me la cierre 4. explíquemelo/no me lo explique 5. tómemela/no me la tome 6. pídamela/no me la pida 7. póngamela/ no me la ponga 8. cámbiemelas/no me las cambie 9. llévemelas/no me las lleve 10. levántemela/no me la levante 11. ayúdeme/no me ayude 12. acompáñeme/no me acompañe

9
Preguntas/respuestas entre camarero y cliente. El camarero usa la misma forma de expresión que comentamos en el ejercicio anterior: ¿Les preparo la ensalada?

1. díganoslo 2. tráiganoslo 3. pónganoslos 4. tráiganoslo 5. tráiganoslo 6. sírvanoslo 7. háganosla

10
Algunos textos de lectura que contienen imperativos, forma frecuente en los anuncios. Lo que importa es la comprensión global.

11
Diálogo para representar, después de completado.

a ver – le pasa – en este brazo – me permite – es imposible – no puedo – muy tarde – lo primero – es – por aquí – para que

12
Traducción
También este texto podrá servir para un role-play, repitiéndolo literalmente o variándolo espontáneamente.

– Ponga aquí su nombre, apellidos y dirección. Y aquí, ponga Vd. la fecha de nacimiento. Y ahora, pase por aquí y espere unos minutos. El doctor no ha llegado todavía.
– ¿Tengo que esperar mucho? Porque tengo un poco de prisa ...
– No puedo decírselo, 20 minutos, media hora ... Pero si tiene Vd. algo que hacer, hágalo entretanto y vuelva dentro de un rato.
Pero no, mire Vd., no se vaya Vd., ya llega ... Buenos días, doctor.

D Comprensión auditiva

Hemos cambiado los nombres del supermercado y de los grandes almacenes; los anuncios son originales.
Recomendamos leer primero las preguntas y aclarar algunas expresiones: los peques, «pre-otoño».

Publicidad
Hören Sie im Radio etwas Werbung.
Escuche en la radio algunos anuncios de publicidad.
Supermercados Alfa ...
Precio y calidad.
Venga a visitarnos.
Alimentación, jardinería, muebles de exterior, zapatería, confección de señora y caballero. Todo a un paso de Madrid, en el kilómetro 20 de la carretera de Andalucía.
 Aparque su coche con toda comodidad en nuestro gran parking.
Le esperamos.
Pase por aquí: Mire, compare, y ... ¡decida!
Ya sabe Vd.: kilómetro 20 de la carretera de Andalucía.

Galerías Inglesas
Ahora, lo mejor de septiembre.
Pronto empieza de nuevo el colegio. Tenemos todo lo que sus hijos necesitan.
Le esperamos con sorpresas y muchos regalos en la sección para los peques.
Ah, y no olvide otra cosa:
Ya está aquí, esperándole, la moda que va a vestir en otoño.
Todo lo nuevo en tejidos y colores y ... el nuevo «sport» de otoño.
Todo eso y más, ahora en Galerías Inglesas.
 Venga y convénzase, porque ... lo que pronto va a necesitar, ahora, con nuestras ofertas pre-otoño, cuesta menos.
Galerías Inglesas ...

> 1. sí 2. no 3. sí 4. sí 5. sí 6. no 7. sí

Después de haber hecho el ejercicio, pedir a los alumnos, a base de una audición repetida, que recuerden alguna palabra nueva, como por ejemplo: alimentación, comparar, tejidos ...

26 Los consejos de tío Dámaso - Despedida

Dámaso Alonso (1898 - 1990), nacido en Madrid, poeta y crítico. Tuvo un papel importante dentro de la «Generación del 27» (ver Lorca L 7, Rafael Alberti L 10), a la que estuvo unido por «amistad, trato, intercambio de ideas y entusiasmos», según sus propias palabras.

A   Los Textos

Una comprensión más que superficial de la poesía que presentamos será facilitada por lo que el propio Dámaso Alonso dice de ella:
«Mi necesidad de un mundo nuevo me lleva a pedir a un niño que cambie el mundo y el orden de las cosas, que busque nuevas reglas de juego, que no sea razonable ...»
La poesía está llena de lenguaje espontáneo y familiar:
lo que me/te da la gana
(no) hacerle caso a alguien
ponerse a tiro
se me ocurre algo
vete corriendo
qué cara pone (no pongas esa cara)
mira que viene
¡qué asco (de mundo)!

La poesía de Lorca, sencillísima, expresa con el deseo simbólico de que le dejen «el balcón abierto», el deseo de que la muerte no le separe de la vida y la naturaleza, representadas por el niño, la naranja (símbolo del amor), y el trigo.
el balcón abierto
El balcón es como una ventana que empieza desde el suelo. (Tiene en general, pero no necesariamente, un piso saliente sobre el que se puede estar, con antepecho, o sea lo que significa «Balkon» en alemán).

La ilustración
Francisco de Goya y Lucientes (ver L 25): «Muchachos trepando a un árbol».
Se trata de uno de los cartones que hizo Goya para la Real Manufactura de Tapices en Madrid, con escenas populares.

B   La Gramática

1.- 2. Imperativo (tú / vosotros) y pronombre personal
Los alumnos ya conocen la diferencia entre Imperativo afirmativo y negativo respecto a la colocación del Pronombre personal. Cuando se trata *de tú/vosotros,* se diferencian también las formas del verbo mismo.

5. cualquiera – todos – cada (uno)
Con *cualquiera* hemos completado las formas españolas correspondientes de la idea de *alle/jeder*.

C   Los Ejercicios

1

Muchos modelos de imperativos. Trabajar en las fases
a) escuchar, comprender, imaginarse la situación.
b) escuchar y leer.
c) convertir los imperativos de tú a vosotros.

> 1. esperad 2. pagadlo 3. llamadme cuando lleguéis 4. compraos 5. imaginaos 6. tomad 7. hablad 8. dejad 9. corred 10. leed 11. escribidme 12. bebed 13. cerrad 14. entendedme 15. pensad 16. despertadme 17. contádmelo 18. volved 19. recordad 20. recordádmelo 21. acordaos 22. colgad 23. pedid 24. repetídmelo

2

Más modelos de imperativos, que sirven sobre todo para familiarizarse con las formas irregulares. Después de poner también los imperativos negativos en la segunda parte de las frases, será útil que el profesor lea de nuevo las frases completas, ampliándolas libremente, por ejemplo:

> 1. Hombre, haz lo que quieras. No hagas siempre lo que dicen los demás. Tú tienes que decidirte, tú tienes que saber lo que quieres ...
> 3. Ten cuidado con el coche, me parece que hay algo que no funciona.
> 5. Ten paciencia, no tengas prisa, no te des prisa. Si quieres hacer bien las cosas, tienes que tomarte el tiempo necesario ...
> Etc.

3

Modelos de imperativos reflexivos (vosotros). Hacer el ejercicio en las tres fases conocidas.

4

Practicar el uso de *sin que* (+ Subjuntivo).

> 1. sin que te vean 2. sin que te moleste nadie 3. sin que lo sepa él 4. sin que le moleste 5. sin que lo note 6. sin que lo vea Juan 7. sin que me rompas algo 8. sin que le aconsejemos 9. sin que los demás sepan dónde está 10. sin que te lo repita 11. sin que te hayan invitado 12. sin que se me quemen 13. sin que ponga una cara así 14. sin que él quiera ser gracioso

5
Distinguir: todos, cualquiera, cada.

1. todos 2. cada 3. cualquiera 4. cualquier 5. todos los 6. cualquier 7. cualquier 8. cualquier 9. todos 10. cada 11. todos 12. cada 13. cada 14. todos 15. todos 16. cada 17. cada, cada 18. cualquier 19. cualquiera

6
Dar consejos, expresar ruegos, amonestaciones, etc. formulados de forma negativa. Aplicar las tres fases. En la tercera, se practican los imperativos afirmativos.

1. cuéntanos 2. sé 3. habla 4. quédate 5. déjala 6. toma 7. comprende 8. piensa 9. déjame 10. dámela

7
Modelos de consejos, ruegos, etc. expresados en forma negativa. Se completarán con consejos afirmativos.

1. sal 2. ponlos 3. dinos 4. haz 5. ven 6.ten 7. vete 8. sé 9. enfádate 10. ponte 11. haced 12. hacedme 13. quemadlas 14. poneos 15. decidíos 16. jugad

8
Hacer una sencilla recopilación de los consejos del «tío Dámaso» e intentar una interpretación de sus ideas.

9
Expresar cómo se imagina uno un mundo mejor: un mundo que sea ...

10
Recordar y expresar lo que muchos padres les piden a sus hijos.
Después de apuntar una serie de estos imperativos, hablar de si todo esto es necesario, para qué sirve, cómo reaccionábamos nosotros cuando éramos niños, etc.

11
Completar algunas frases, que contienen expresiones idiomáticas de la poesía de Dámaso Alonso.

1. lo que 2. hagas 3. consejos 4. ocurre 5. pongas 6. divertir 7. gracia

12
Práctica de expresión y, si resultara necesario, ampliación de vocabulario: hablar de lo que hacen diferentes personas de diferentes profesiones y oficios.

13
Completar un diálogo para luego representarlo, variarlo, etc.

un momento – una foto – ven/ponte – vas a mandar – dais – si no – en el suelo – no se te ve – haz/hazme el favor – se nos pone

14
Traducción
Escribir una nota para orientar un poco a unos amigos que van a vivir algunos días en su piso.

Hola, ¿qué tal el viaje? Por si no encontráis las cosas: tenéis sábanas y mantas en el armario de mi cuarto. Sacadlas de allí. Coged toallas limpias del armario del pasillo. Para café, té, etc. mirad en el armarito de la cocina, el que está al lado de la nevera. Y ahora, os pido un favor. Cuando os vayáis, no dejéis la puerta del balcón mal cerrada. Cerradla bien fuerte, porque entra siempre agua cuando llueve. Cerrad la puerta del piso con llave y dádsela a la señora del primer piso (se llama Mónica). ¡Que lo paséis bien! Llamadme por teléfono si me queréis preguntar algo. Adiós, tengo mucha prisa...   Cristina

D   Comprensión auditiva

Como hay relativamente muchas preguntas, será preferible leerlas antes de escuchar el texto y presentar éste en dos trozos.
Las preguntas que hay en el libro se podrán contestar sin más. Al final podemos sacar, como en otras ocasiones, algunas palabras nuevas que recuerden los alumnos, como por ejemplo: ofertas de trabajo, carnet de conducir, persona imaginativa, buen nivel cultural (Bildung, Allgemeinbildung).
El amigo que le lee al otro los anuncios hace un breve comentario a cada uno, diciendo respecto al primero que no lo ve muy claro. Los alumnos podrán expresar sus ideas sobre los dos anuncios diciendo de qué se podrá tratar en el primer caso y si ellos llamarían a uno de los dos.

Anuncios en el periódico
Un amigo sabe que estás buscando urgentemente un trabajo. Hablando por teléfono, te lee unos anuncios de periódico.
– Mira lo que viene en el periódico, en las ofertas de trabajo:
«¡Te necesitamos!
Si eres un joven dinámico, tienes carnet de conducir, si tienes ganas de trabajar y de ganar un dinero fácilmente, escríbenos.
No te olvides de mandarnos también una foto. ¡Es importante!
Escribe con claridad tu nombre y tu dirección.
¡Te esperamos!

Nuestra dirección: Agencia B, Calle del Buen Suceso 3, Madrid.
Para más información, llámanos al número 223 45 40.
¡Te llevarás una sorpresa!»
Claro que yo no veo muy claro qué tipo de trabajo y de sorpresa será ...

1. sí 2. no 3. sí 4. sí 5. sí 6. no

Y mira, este otro:
«Si eres una persona imaginativa.
Si tienes más de 18 años y te gusta viajar.
Si tienes buenos conocimientos de inglés o francés y un buen nivel cultural,
mándanos tu «curriculum vitae», o llámanos de las 11 a las 14 horas para ponernos en contacto.
El trabajo consiste en visitar empresas importantes para presentar nuestros productos.
Industria Ibérica, S.A., Arturo Soria 4, Valladolid, Telfs. 234 567 y 234 589 (contactar con el Sr. Pérez).»
Este, por lo menos sabes de qué se trata, no me parece mal.

7. sí 8. sí 9. sí 10. no 11. sí 12. no 13. sí 14. sí

El segundo texto – los consejos de Josep Marqués – no presentará grandes problemas. Puede dar lugar a una conversación sobre el método que tiene cada uno de arreglárselas con el dinero que tiene, si tienen más o menos la misma cantidad cada semana o mes, para qué ahorran, etc.

Cómo arreglárselas con el dinero
Escuche algunos consejos del periodista Josep Marqués para arreglárselas bien cada mes con el dinero.
¿Queréis una receta para llegar a fin de mes? Vale, pero no digáis a nadie que he sido yo quien os la ha dado:
Paga, o pon en otra cuenta, al empezar el mes, todo lo que no tengas más remedio que pagar (piso, luz, etc.)
Del resto, de lo que te queda, pon de lado la cantidad que quieras ahorrar. Probablemente será una ridiculez, poquísimo, pero no olvides que se trata de darte el gustazo de ahorrar. Gusto, o tal vez, orgullo ...
Con la cantidad que te queda, haz cuatro partes: así sabrás lo que puedes gastar por semana.
Vive con tranquilidad gastando lo correspondiente a cada semana. Menos en febrero, te quedarán 2 ó 3 días en que no tienes una peseta. Vive en tu propia carne la miseria. Ya sabes que durará poco, o prueba tu capacidad de pedir dinero prestado. Si lo haces, devuelve este dinero en cuanto sea el primero de mes, para no complicar más las cosas.

1. sí 2. sí 3. sí 4. no 5. no 6. sí

27 Déjamelo pensar ...

Juan Rulfo (1918 -), escritor mexicano, tiene con dos obras («Pedro Páramo», «El llano en llamas») un lugar eminente en la literatura latinoamericana.
Escrito entre 1953 y 1954, «Pedro Páramo» se ha convertido en un verdadero clásico de la literatura. «Con sólo esta novela de 150 páginas, México otorgó al arte universal una de sus mejores fábulas. ‹Pedro Páramo› es un hito, un resumen de toda una literatura. No es de extrañar que desde entonces Juan Rulfo no haya publicado más. Rulfo salió del milagro como consumido para siempre», dice el crítico Rafael Conte.

A   El Texto

El argumento del libro es claro y sencillo. Juan Preciado cuenta cómo por encargo de su madre moribunda fue a Comala para ajustar cuentas con su padre, Pedro Páramo, a quien no ha conocido, pero se encuentra con un pueblo deshabitado, lleno de fantasmas, y muere aterrorizado. Por otra parte, el libro tiene una estructura muy compleja, mezclando «fragmentos» de realidad e irrealidad.

El texto tiene una serie de americanismos, como por ejemplo:
en amaneciendo (España: al amanecer)
soy la única gente (España: la única persona)
mi falta de arriesgue (España: mi falta de valor)
¿qué prisa corres? (España: ¿qué prisa tienes?, o impersonal: ¿qué prisa corre?)
Nomás te están esperando. (España: Ya te está esperando.)
Tú estás bonita. (España: Eres guapa, eres bonita.)
(Ver también las observaciones de la página 193 del manual).

Otras explicaciones que proponemos:
Tengo aparejadas las bestias.
Expresión, con el verbo tener, más intensa que el Perfecto compuesto: He aparejado las bestias. Otras frases corrientes con tener + participio, en vez de Perfecto compuesto:
Ya lo tengo preparado todo.
Ya tengo escrita la carta.
hacerle hacer sus necesidades
hacer + Infinitivo expresa, en general, la intención de causar o de mandar:
¿Te he hecho esperar mucho?
Al niño tenemos que hacerle hacer los deberes, si no, ...
En la frase de Rulfo, equivale a «ayudarle al hacer sus necesidades».

La ilustración
Antoni Tàpies (1923-): Pareja y caballo. 1951
En el cuadro vemos a la mujer, al hombre, al caballo, rodeados también de palomas,

plantas, la luna ... Tàpies dice: «El ser humano no es un privilegiado, sino una parte del universo, de la misma naturaleza que los astros, el papel o una hoja de árbol». Tàpies es uno de los pintores catalanes más conocidos.

B   La Gramática

1. Indicativo o Subjuntivo después de *hasta que* y *mientras*
Después de *hasta que* y *mientras*, como con la conjunción *cuando* (L 21), la idea de futuro se expresa en Presente de subjuntivo.

C   Los Ejercicios

1
Ejercicio de expresión libre: comentarios sobre el texto y discusión.
Para intensificar el trabajo con el texto, podríamos ampliar el ejercicio: Que los alumnos reúnan los 5 argumentos de cada uno de los dos jóvenes y discutan brevemente si algunos han escogido argumentos diferentes.

2
Práctica de algunas frases con *mientras*, en las que el verbo debe expresar la idea de futuro.

1. sepamos 2. pienses 3. tengamos 4. estemos 5. seáis 6. podamos 7. quieras 8. tenga

3
Distinguir, en frases con *mientras* y *hasta que*, entre la idea de futuro y la de pasado.

1. viva 2. vivía 3. tenga 4. tenía 5. seas 6. era 7. vivías 8. vivas 9. salga 10. salió 11. vengas 12. vino 13. te decidas 14. se decidió 15. alquile 16. alquiló 17. convenza 18. convencí

4
Es un ejercicio de expresión libre que da al mismo tiempo una serie de ejemplos del tipo «Con ... que ...»: Con la rabia que nos tiene, ..., Con lo viejo que está...

1. con lo imbécil que es 2. con lo triste que estoy 3. con lo joven que eres 4. con lo aburrido que es 5. con lo sencillo que es todo 6. con lo bien que estás 7. con lo oscura que estaba la habitación 8. con lo húmedo que es el clima 9. con lo viejo que era 10. con lo desagradable que es

5

La estructura sintáctica de frases como *con lo viejo que está, con lo húmedo que es el clima*, etc., es tan «rara» para alguien que no sea nativo que no podemos pretender que los alumnos la adquieran y la usen espontáneamente después de haber visto estos dos ejercicios. No obstante, los ejercicios pueden servir para que comprendan con más facilidad frases de este tipo después de haber visto una serie de ejemplos.

6

Ejercicio de comprensión del texto de una carta, imaginaria, que escribe Chona a Pedro. Después de completar el texto, vale la pena leerlo otra vez para consolidar el efecto del ejercicio.

> para que – harta – lo – que – esté – tiene – a – hasta que – en – estoy – muero – verte

7

«Relaciona». Recupera algunas frases del texto y de textos anteriores en contextos diferentes.

8

El diálogo, que se completará y servirá para representarlo, se basa en una situación en parte análoga a la del texto: un amigo o una amiga no se siente libre para hacer lo que quiere porque le da pena de su madre.

> vas a ir – te vas a quedar – de mi madre – (por) una semana – me da pena – a lo mejor – el año pasado – nos quedamos – a mi madre – te lo digo

9

Traducción

Una carta personal que se refiere a un problema y expresa la ilusión de ver pronto al amigo.

> Hola, Mario:
>
> Imagínate, no puedo irme ya, como pensaba, a finales de mes. Antes de irme tengo que buscar rápidamente a alguien que se quede con mi habitación, si no, tengo que seguir pagándola, y no consigo encontrar a nadie. Estoy harto de poner anuncios, y hasta ahora, nada. Así que me tengo que aguantar unos días y quedarme hasta que encuentre a alguien. ¡No sabes las ganas que tengo de irme de vacaciones! Espero que ya falte poco hasta que nos veamos. Te llamaré tan pronto como sepa algo.
>
> Abrazos,   Angel

D Comprensión auditiva

De nuevo, recomendamos leer primero las preguntas para estar seguros de que se entiendan algunas palabras: neumático, éxito.
Después de hacer el ejercicio, podemos presentar una vez más el texto pidiendo a los alumnos que cada uno intente recordar literalmente una frase que le guste. La finalidad de este ejercicio es sencilla: Aprendemos mucho imitando lo que leemos o escuchamos. Así, muchas frases – no necesariamente las más complejas – se prestan a la imitación.

Habla Juan Rulfo
- Fue en 1940, a los 22 años, cuando escribió su primera novela, una novela sobre la ciudad de México, y que destruyó Vd. mismo ...
- Sí, una novela bastante grande, sobre la ciudad de México, y efectivamente, la destruí porque era muy mala. La quise publicar en una revista literaria de los republicanos españoles en México, y no se publicó nunca, así era de mala.
- Era, según creo, una novela sobre la soledad de un campesino que llega a una gran ciudad ... Por otro lado, Vd. trabajaba, Vd. tuvo diversos tipos de trabajo, de empleos ...
- Sí, en 1947, por ejemplo, yo vendía neumáticos para coches, viajaba por todo el país vendiendo neumáticos.
- ¿Le gustaba vender neumáticos? ¿Se venden bien?
- Muy bien, se venden solos ...
- Hasta que en 1954, escribe Vd. «Pedro Páramo», uno de los libros más vendidos en castellano.
- Sí, lo escribí en relativamente poco tiempo: 4 ó 5 meses.
- Aquí tengo varias ediciones internacionales de «Pedro Páramo»: españolas, venezolanas, cubanas, mexicanas, argentinas, también está traducida a gran cantidad de idiomas ... ¡Esta es la novela de su vida!
- Sí, me lo ha dado todo.
- Un enorme prestigio y un puesto de primerísima línea en la literatura hispanoamericana. Y además, un récord, porque, generalmente, un escritor necesita 5 ó 6 libros para llamar la atención del público, y Vd. consiguió el éxito prácticamente con una sola obra.
- Sí, este libro mío ha tenido mucha suerte ...

1. sí 2. sí 3. no 4. sí 5. sí 6. no 7. no

TEST 6

1
Convertir imperativos – afirmativos y negativos – en sentido contrario.

1. vete 2. no te quedes 3. no digas 4. no os quedéis 5. no me esperéis 6. ponlo 7. no te vengas 8. no los tires 9. no te pruebes 10. no os quitéis

2
Traducción que somete a test el conocimiento de la estructura sintáctica propia de verbos como *pedir*, *agradecer*, etc.

1. Le he pedido un consejo. 2. Te lo agradezco todo. 3. ¿Te acuerdas de mi amiga? 4. Creo que tiene el número de teléfono de Enrique. Se lo pediré. 5. Inés me recuerda a mi hermana. Tiene la misma voz. 6. Recuérdame mañana todo lo que tengo que hacer. 7. Si te pide el vídeo, dáselo. 8. Si necesitas algo, pregúntale a mi hermano.

3
Traducción
Formas de expresar en español *alle, jeder*.

1. Voy cada semana a San Sebastián. 2. Nos ha gustado mucho a todos. 3. Cada uno de sus hermanos es diferente. 4. Fumo cada vez menos. 5. Esta región me gusta cada vez más. 6. Yo hago cualquier trabajo.

4
Frases en que el alumno usará – espontánea o conscientemente – el Indicativo o el Subjuntivo.

1. estaba 2. sepa 3. tengas 4. sirva 5. esté 6. digas 7. cierran 8. vuelvas

5
Breve texto que queda por completar. Se trata de diferentes palabras y estructuras gramaticales.

1. sin 2. llama, con 3. hace, parece 4. ocurre

28 Picasso, Dalí, Gaudí, Miró ...

Antoni Gaudí (1852 - 1926), *Joan Miró* (1893 - 1983) y *Salvador Dalí* (1904 - 1989), son catalanes, *Pablo Picasso* (1881 - 1973) es andaluz, de Málaga. Gaudí es el gran arquitecto del Modernismo, una variante fantástica del «Art nouveau» o del «Jugendstil» de la época en que se construyó el Ensanche de Barcelona. Miró es pintor y escultor.

Octavio Paz (1914 -), poeta mexicano («Raíz del hombre», «Libertad bajo palabra») que publica también con regularidad artículos en la Prensa. Fue embajador de México en la India. Premio Nobel de Literatura en 1990.

José Agustín Goytisolo (1928 -) comienza con una literatura de compromiso social, para buscar más tarde nuevas formas de expresión de «lo oscuro, lo inexplicable» («Nadie está solo», «Bajo tolerancia»). Es hermano del también escritor Juan Goytisolo.

«Mecano» es un grupo musical que tiene gran éxito también fuera de España. La canción citada es del disco «Descanso dominical». Cuenta la cantante de «Mecano», Ana Torroja, que mandaron la canción a Salvador Dalí, que les contestó dándoles las gracias, diciendo que le había gustado mucho la canción y mandándoles un libro de su obra con dedicatoria. La secretaria de Dalí afirmó poco después que esta carta fue la última que escribió Dalí.

Ramón Gómez de la Serna (1888 - 1963) se conoce, sobre todo, por sus «Greguerías», un género de literatura inventado por él: «Humorismo + metáfora = greguería», así lo definía él mismo.

A Los Textos

La función de casi todas las citas en la primera parte de la lección es dar muestras de lengua con el empleo del Imperfecto de subjuntivo.
Después de explicar, en la primera frase que se elija, la nueva forma y su función – en principio, idéntica a la que tiene en alemán: *wenn ich es wüßte, als ob er uns wieder zu «Wilden» machte* –, las demás frases, desde el punto de vista gramatical, refuerzan simplemente la introducción de la nueva estructura, así que podemos trabajar sobre el contenido de las frases, en combinación con las ilustraciones.
Observar las ideas, casi paralelas, de Gómez de la Serna y Octavio Paz: «salvajes con veinte siglos de cultura» – «como un niño de cinco mil años de edad» ...
La poesía de José Agustín Goytisolo está a caballo entre la L 28 y la 29. Su tema – un artista genial – pertenece a la L 28. Desde el punto de vista gramatical, tiene un ejemplo del imperativo expresado en Estilo indirecto (L 29): Dígale que se detenga. Dígale que regrese.
Goytisolo se identifica con el gran arquitecto que por proponer un tipo de arquitectura

poco convencional se encontró con la incomprensión entre cierta gente con dinero, pero poca imaginación. La condesa, los patricios, son alusiones a personas que intentaron oponerse a sus proyectos y le criticaron no sólo en sus proyectos artísticos sino también en su forma de ser o de vivir descuidado (pantalones mal planchados, olvidándose de comer regularmente, con un sorbo de café por triste desayuno, durmiendo de cualquier manera, sobre un colchón en el suelo). Con la expresión «echar en cara hasta la forma de toser» indica cómo le criticaban por principio todo lo que hacía o cómo lo hacía. Goytisolo, invitándole a volver al mundo, quisiera compensarle de tanta incomprensión y «tontería» y, aunque sólo fuera en pocas palabras y en breve tiempo («será por poco tiempo»), explicarle que toda esa incomprensión pasó, que hoy es uno de los genios más queridos y respetados.

Interesante es «que le paren, que se detenga»: Goytisolo no se lo imagina una vez muerto, en paz, tranquilo, descansando, quieto, sino como impulsado en el espacio, en un movimiento eterno, como un lucero o una estrella ...

Las ilustraciones
Picasso: *Interior con muchacha dibujando*. 1935
Es un retrato de Marie-Thérèse Walter, la madre de su hija Maya. Conoció a Marie-Thérèse dirigiéndose a ella con las siguientes palabras: «Señorita, Vd. tiene una cara interesante. Quiero pintarla. Soy Picasso.»
Ya en 1913 había empezado a dibujar, en caras vistas de frente, también el perfil de ellas. En la «Muchacha dibujando» invierte ese principio, dibujando el segundo ojo en la cara vista de perfil. Las dos variantes las volverá a emplear en muchos de sus cuadros.

Picasso: *Las Meninas*. 1957
Fascinado por el cuadro de Velázquez, Picasso se dedica durante cuatro meses a pintar una serie de estudios, en total 44, sobre este tema. El aquí representado está pintado exclusivamente en tonos grises. Jaume Sabartés, amigo del pintor, cuenta que Picasso decía antes de empezar la serie: «Si yo me pusiera a copiar ese cuadro, olvidaría a Velázquez y poquito a poco me diría: ¿Qué tal sería poner a ése un poco más a la derecha o a la izquierda o modificar la luz o cambiarla? Y así, iría pintando unas Meninas que parecerían detestables al copista de oficio, pero que serían mis Meninas.» Picasso reemplaza al noble mastín de Velázquez por su perrito «Lump». Hace «flotar» al genial Velázquez sobre el cuadro. Reduce la presencia de los reyes a dos trazos. Abre las ventanas para que entre de lleno la luz mediterránea de Cannes, donde pintó la serie ...

Picasso: *Guitarra, botella y compotera*. París, 1921
El cuadro pertenece a una época en que Picasso trabajaba simultáneamente en dos estilos completamente diferentes. Desde 1914/15 seguía desarrollando el cubismo y se dedicaba al mismo tiempo a un estilo clasicista inspirado por Nicolas Poussin. (El ejemplo más conocido de este estilo es su cuadro «Tres mujeres en la fuente», pintado en el mismo año que «Guitarra, botella y compotera»).

Picasso: *La cabra*. Bronce, 1950
Después de terminar la segunda guerra mundial, Picasso volvió a descubrir el tema de

los animales, no como símbolos de la muerte y de la guerra (como en su «Guernica»), sino como parte, junto con el hombre, de la población de la Tierra. En 1949 dibujó, para el cartel del Congreso Mundial de la Paz, en París, la paloma que sería para todo el mundo el símbolo de la paz. En el mismo año nació su hija, que recibió, en alusión a aquel acontecimiento, el nombre Paloma.

Joan Miró: *Circo*
Es una pintura representativa de Joan Miró, con mezcla de elementos arcaico-infantiles, ironía y reflejo, en parte, del mundo de los sueños.

Salvador Dalí: *Mi mujer, desnuda, mirando su propio cuerpo convirtiéndose en escaleras, tres vértebras de una columna, cielo y arquitectura.* 1945
Es uno de los últimos cuadros que representan sueños. Poco después, en el mismo año 1945, cayó la primera bomba atómica, acontecimiento que determinó su nueva orientación hacia un misticismo.

Antoni Gaudí: *Cripta Colònia Güell* (1898-1917)
El dibujo refleja la imaginación del arquitecto, que no se pierde en detalles porque prefiere dejarse inspirar en el transcurso de la obra. El dibujo podría parecer un esbozo para la obra de su vida, la Sagrada Familia. Pero en realidad representa una iglesia planeada para una colonia de obreros, Santa Coloma de Cervelló, fundada en 1898 por Eusebi Güell, que también hizo posible la realización del famoso parque Güell de Barcelona. De la iglesia sólo se terminó la cripta.

B La Gramática

1. Imperfecto de subjuntivo – Derivación de las formas
Si partimos de la regla de derivación, y no del infinitivo de los verbos, no hay «verbos irregulares» en Imperfecto de subjuntivo.

3. Imperfecto de subjuntivo: Comparación con el alemán
Aunque no consigamos que todos los alumnos dominen sin error esta estructura en la comunicación espontánea, se la podemos explicar lo suficientemente para que en la expresión escrita – con el tiempo de reflexionar un momento – la tengan clara.

Observación adicional
No mencionamos, en la página de la Gramática, la frase de Rafael Alberti: «Encontrarías *más de una* cabra tuya». Delante de numerales, no se usa *más que*, sino *más de*.
Para completar el cuadro de las comparaciones, podríamos añadir otra estructura, que no sale en el texto:
El cuadro ha costado *más de lo que pensaba*.
El cuadro ha costado *más que el otro*.
Cuando la comparación, después de *más/menos*, se completa con un verbo (pensaba) y no con un sustantivo o pronombre (el otro), se usa *más/menos de lo que + verbo*.

C Los Ejercicios

1
Ejercicio que contribuye a la comprensión de la poesía de Goytisolo.

2
«Input» de formas del Perfecto simple. Los alumnos añaden la tercera persona de plural, (que es la base del Imperfecto de subjuntivo).

1. vinieron 2. supieron 3. trajeron 4. dieron 5. pusieron 6. hicieron 7. fueron 8. fueron 9. siguieron 10. pidieron 11. vinieron 12. pudieron 13. estuvieron 14. dijeron 15. pararon 16. tocaron 17. conformaron

3 - 4
Ejemplos de frases hipotéticas: *si + Imperfecto de subjuntivo*. Hay que relacionarlas con frases principales que señalan lo que ocurriría si la hipótesis se convirtiera en realidad.

(Ejercicio 3)
1.h – 2.a – 3.e – 4.g – 5.i – 6.c – 7.b – 8.d – 9.f

(Ejercicio 4)
a.3 – b.2 – c.4 – d.8 – e.5 – f.1 – g.6 – h.7

5
Más modelos de frases hipotéticas: *si + Imperfecto de subjuntivo*.

1. diría 2. encontrarías 3. olvidaría 4. tendríais 5. soportaría 6. tendría 7. rompería 8. gustaría 9. darían 10. podríamos 11. tendría 12. tendrías 13. saldríamos 14. gustaría 15. me volvería 16. daría

6
Es el primer ejercicio en que el alumno tiene que decidirse por una de las dos formas: Condicional o Imperfecto de subjuntivo.

1. supiera 2. encontraría 3. preguntara 4. aprendería 5. gustaría 6. encantaría 7. vinieras 8. nos alegraríamos

7
Expresar deseos que parecen, con toda probabilidad, irrealizables (si + Imperfecto de subjuntivo, formas en *-ra* o en *-se*).

Si...
1. supiera/supiese 2. pudiera 3. no fuera 4. hubiera 5. hiciera 6. saliera 7. no fuera 8. no fuera 9. fueras 10. fuéramos 11. dieran 12. no te pusieras 13. vinierais 14. no me dijeras 15. no tuviera 16. pudierais 17. le pidiéramos 18. no cantaras 19. tuvierais 20. tuviera

8
Inventar condiciones previas para las acciones que se proponen (si + Imperfecto de subjuntivo).

9
Frases-modelo: condiciones no realizadas o realizables. Completar las frases diciendo lo que haría uno ...

10
Frases-modelo: *como si + Imperfecto de subjuntivo*. Completar/inventar una acción que se presta para hacer las comparaciones irreales de este tipo.

11 - 12
Dos ejercicios escritos de expresión libre (en cuanto al contenido) para practicar la nueva estructura: frases hipotéticas o condicionales.

D   Comprensión auditiva

La conversación entre Camilo José Cela y Pablo Picasso (tal como Cela la escribió después de visitar a Picasso en Vallauris, en Francia, donde vivía Picasso), nos hace vivir unos momentos con dos españoles famosos.
Proponemos que se presente primero la conversación, sin más, que luego los alumnos lean las preguntas, todavía sin contestar, y que después de escuchar por segunda vez el texto las contesten.

Después de otra audición más, entre todos podrán intentar sacar y aclarar unas cuantas expresiones nuevas:
el caso es que ...
ahora no caigo
(un sabio, un gran profesor)
estar al día
la gente es pesada
echarse encima
coleccionar botellas
firmar la botella

Conversación entre Camilo José Cela y Pablo Picasso
Escuche una conversación entre Camilo José Cela y Pablo Picasso, tal como Cela la escribió después de visitar a Picasso en Vallauris, en Francia, donde vivía Picasso.
– ¿Y usted viene de España?
– Sí; ayer estaba en Palma de Mallorca; de allí le traigo recuerdos de don Américo Castro.
– ¿De quién?
– De don Américo Castro, que está conmigo en Palma.
– ¿Y quién es ese señor?
– Pero, ¡hombre, Picasso!
– Sí, ... usted perdone, el caso es que a mí me suena, pero ahora no caigo. ¿Quién es?
– Pues un sabio, todo el mundo lo conoce.
– ¡Ah, un sabio! Ya decía yo ... ¡Claro! Lo que pasa, sabe usted, es que en esto de los sabios hay que estar al día; hay que ser muy culto. ¡Claro! Yo estoy todo el día pintando, yo no hago más que pintar ...
– También le traigo una botella de anís. A mí me gusta mucho el anís.
– Y a mí. ¿Cómo pasó la botella por la aduana?
– Sin ninguna dificultad. Dije que era para usted.
– Esto de que lo conozcan a uno es bueno. También es malo ...
La gente es muy pesada. Yo no me baño porque la gente no me deja en paz.
Yo me explico que la gente se eche encima de las artistas de cine. ¡Claro!, ¡eso siempre es agradable! ¡Pero que se echen encima de mí, que soy un viejo! ...
El anís es una maravilla. Ya lo creo. Lo más clásico es el de Chinchón, ¡coño, el Chinchón! Dan ganas de empezar a dar vivas a España ... Ha hecho usted muy bien en traerme una botella de anís.
– Vaya, me alegro ...
¡Salud!
– ¡Salud! ... Brrr, ¡esto es vida!
– Oiga, yo colecciono botellas bebidas con los amigos. ¿Quiere firmármela?
– Hombre, sí, con mucho gusto. Pero ¿y lo de dentro?
– No se preocupe. Lo de dentro se lo dejo. Si trae usted un vaso grande, le dejo lo de dentro, y el resto nos lo bebemos.

1. sí 2. no 3. no 4. sí 5. sí 6. no 7. no 8. sí

29 El tendero

Mercè Rodoreda nació en Barcelona en 1909. Antes de 1936 colaboradora en las revistas más importantes de Cataluña, llega a su madurez como narradora durante el largo exilio después de la guerra civil. Escribe sus obras en catalán («La plaça del Diamant», «Mi Cristina y otros cuentos»).
«La Plaza del Diamante» se considera como una de las mejores novelas catalanas de

las últimas décadas. La acción, la historia de «la Colometa», sencilla y sutil, se armoniza con la descripción de un mundo perdido, de una gente y de una ciudad entrañable.

A   El Texto

Recomendamos no introducir el texto como una aglomeración de ejemplos del Estilo indirecto, sino como lo que es: un simple texto literario, un relato sobre la conversación que tuvieron el padrastro y el chico sobre el futuro de éste. La comprensión del contenido no depende aquí del análisis gramatical.

El profesor podría contar primero la escena: quiénes hablan, de qué hablan y quién lo cuenta. A continuación podría leer el texto o poner la casete, una vez sin abrir los alumnos los libros, después otra vez para que los alumnos sigan el texto escuchándolo y leyéndolo al mismo tiempo. Así conseguimos una familiarización natural con el texto.

Que empezase a pensar, que se lo pensase, que no le contestase enseguida.
En esta frase apoyamos la comprensión indicando la relación con el Estilo directo:
Le dijo: – ¡Piénsatelo!; Le dijo que se lo pensase ...

El vocabulario del penúltimo párrafo se explicará, sobre todo, con gestos:
los labios apretados
dos largas arrugas entre ceja y ceja
tozudo (el gesto español de darse con el puño contra la frente lo comprenderán también los alumnos alemanes si se acompaña con la expresión de cara correspondiente...)
estalló
calladito

B   La Gramática

1. El Estilo indirecto

En la columna del centro (Dice, ha dicho, dirá, diría que ...) sólo interesa el último ejemplo, que representa el cambio de Imperativo a Subjuntivo: *¡Piénsalo! / Me dice que lo piense*. Los demás ejemplos no tienen problema, los hemos adquirido y usado ya muchas veces sin darnos cuenta.

Después de ver los ejemplos de la columna derecha, con la «concordancia» de tiempos, y la explicación esquemática en a. y b., el profesor podría volver a leer el texto, despacio, y esta vez apoyando de forma especial en los verbos cuya forma se debe a la concordancia en Estilo indirecto:

El Antoni *dijo* que le gustaría saber *si había pensado ya* lo que *quería* ser de mayor, que a lo mejor, (como era estudioso y seguía bien los estudios), le *gustaba* hacer una carrera y *que empezase a pensar* la carrera que le gustaría hacer. *Que se lo pensase* con calma, *que no le contestase* enseguida, que *tenía* tiempo de sobra.

El chico le oía hablar con los ojos bajos, y cuando el Antoni acabó de hablar, *dijo que no tenía que pensar nada* porque ya había escogido hacía tiempo. *Dijo que no tenía ganas* de hacer una carrera, que *lo que estudiaba lo hacía* para saber algunas cosas que hay que saber, pero *que él era práctico* y que *no quería moverse* de casa y que todo *lo que*

le pedía era que le dejase ser tendero como él porque, dijo, «usted cada día se hará más mayor y necesitará que le ayuden».
El Antoni le dijo, «tengo que advertirte una cosa: hacer de tendero es un trabajo para no morirse de hambre. Pero es un trabajo que luce poco.»
El chico, cuando no hablaba, tenía los labios apretados todo el rato y dos largas arrugas entre ceja y ceja: de tozudo. Y *dijo que sabía* muy bien *lo que decía y lo que hacía* y *por qué lo decía* y *por qué lo hacía.* Y lo dijo por lo menos dos veces y al final estalló, él que era tan calladito.
Y cuando íbamos a dormir, pasillo adelante, el Antoni iba diciendo sin parar «no me lo merezco, no me lo merezco ...», pero todavía *dijo que creía* que el chico *hacía un disparate* y que para él habría sido también un orgullo verle médico o arquitecto ...

2. Cambios de óptica en Estilo indirecto

En los ejemplos presentados, son importantes sobre todo los verbos *ir/venir, llevar/ traer,* porque en alemán no se hacen estas distinciones.
Los demás ejemplos indican más bien cómo se puede expresar lo que lógicamente – o sea también para lógica alemana – debe expresarse: hoy/ese día, ese mismo día; ayer/ el día anterior, etc.

C   Los Ejercicios

1

El ejercicio quiere crear o reforzar la conciencia (no sólo el conocimiento abstracto) de que *dice, dirá, diría, ha dicho* son «tiempos del (momento) presente». Recuérdese que en ocasiones anteriores llamamos «pasado presente» el Perfecto compuesto.
En el ejemplo 3, se verán claramente las dos funciones del Condicional:
El chico *diría* probablemente, (si lo preguntaras), que de mayor será tendero.
El chico dijo que de mayor *sería* tendero.
En la primera frase, el Condicional se refiere, en la oración principal, a una situación presente, hipotética.
En la segunda frase, debido a la lógica del Estilo directo, el Condicional representa un «futuro pasado», algo que en el momento pasado del que se habla *era futuro.*

> 1. es estudioso; era estudioso 2. si le gustaría; si le gustaría 3. será tendero; sería tendero 4. ya lo ha pensado, lo había pensado 5. pensó, iba a estudiar; había pensado, iba a estudiar 6. él había deseado; él había estudiado 7. no le conteste ahora, que le conteste más tarde; no le contestara inmediatamente, que le contestara más tarde.

2

Este ejercicio se podría hacer entre el profesor y dos grupos:
El profesor da el impulso: – Este chico es muy estudioso.

El grupo A transmite la información: – Dice que ese chico es estudioso.
El grupo B se imagina que transmite la información más tarde:
– Dijo/decía que el chico era muy estudioso.
En la segunda parte (ejemplos 10-19), los grupos A y B se cambian.

3
Las frases son modelos de Estilo indirecto. Vale la pena leerlas primero sin hacer nada más. Para asegurar la comprensión, el profesor podrá hacer una pregunta sobre algunas frases:
  8. ¿Quién tomó la decisión (si la tomó alguien)?
  9. ¿Quién tomó la decisión (si la tomó alguien)?
  10. ¿Quién contestó (si contestó alguien)?
  11. ¿Quién contestó (si contestó alguien)?
  12. ¿Quién se lo pensó (si se lo pensó alguien)?
  13. ¿Quién se lo pensó (si se lo pensó alguien)?
Después, hacer la tarea indicada: restablecer la frase original (Estilo directo).

1. tenemos tiempo 2. me lo he pensado 3. así no ganamos mucho 4. os ayudaré 5. me gustaría quedarme 6. os voy a escribir 7. ¿conocéis esa tienda? 8. tomad una decisión 9. voy a tomar una decisión 10. contestad mis preguntas 11. contestaré vuestras preguntas 12. pensadlo bien 13. lo pensaré muy bien

4
Ejercicio escrito. No hace falta que los alumnos «traduzcan» literalmente el Estilo indirecto del texto a la oración directa. Pueden resumir, ampliar, etc. como quieran, añadiendo sus propias ideas (de modo que no piensen en primer lugar en cosas de gramática ...).

5
Comunicación telefónica: Al dejar recado a través de una tercera persona es frecuente tanto la información como el encargo de hacer algo. Inventar una serie de breves conversaciones parecidas. Si se hace el ejercicio en parejas o en dos grupos, la persona que contesta puede confirmar que ha tomado nota:
– O sea que le digo que Vd. ha llamado y que le llame a casa ...

6-7
Ejercicios sistemáticos de la concordancia de tiempos que incluyen la transformación de imperativos.

(Ejercicio 6)
1. qué deseamos 2. qué deseábamos 3.-4. no volvería a hacerlo 5. no vuelva 6. no volviera 7. no permitirá 8. no permitiría 9. me lo había mandado 10. me lo ha mandado 11.-12. no se había dado cuenta

(Ejercicio 7)
Me dijo ...
1. que tenía que ir 2. que no podía esperar 3. que le dolía 4. que estaba contento 5. que le gustaba 6. que tenía ganas de verme 7. que se había roto la pierna 8. que estaba estudiando 9. que estaba cansado
Me preguntó ...
10. qué me parecía 11. si quería ir al día siguiente a cenar a su casa 12. si quería ir con él
Me dijo ...
13. que le contestara 14. que le llamara esa noche 15. que le prestara 16. que le esperara 17. que le contara lo que había hecho 18. que le abriera 19. que llamara 20. que escogiera el regalo que más me gustara
Nos dijo ...
21. que le contestáramos 22. que le llamáramos esa noche 23. que le prestáramos 24. que le esperáramos 25. que le contáramos lo que habíamos hecho 26. que le abriéramos 27. que llamáramos 28. que escogiéramos el regalo que más nos gustara 29. que nos informáramos 30. que nos decidiéramos

8
Ejercicio sistemático de la concordancia de tiempos, aplicada a frases con Subjuntivo.

1. no creía que se enfadara 2. no esperaba que me ayudara 3. era mejor que no salierais 4. era posible que llegaran tarde 5. era probable que cerraran 6. necesitaba un piso que fuera más grande 7. buscaba a alguien que quisiera hacer ese viaje 8. lo quería hacer sin que se diera cuenta

9
Expresión libre: Algunas ideas sobre el chico que no quiere estudiar una carrera sino ser tendero como su padre/padrastro.

10
Ejercicio de transmitir recados. Las situaciones son sencillas. El profesor puede reforzar el efecto del ejercicio repitiendo las informaciones: O sea que dijo que sólo quería hablar conmigo. ¿Y dijo que llamaría otra vez? ...

11
Cómo se dice a una persona que le diga a otra que haga algo. La explicación suena complicada, pero las frases modelo son sencillas y comprensibles por la situación.

¿Podría/n ...?
1. arreglar 2. poner 3. despertarnos 4. hacer 5. darnos 6. prepararnos

12
Modelo de conversación que se completa primero para poderla representar – y variar – después.

para preguntar – a Madrid – me dijeron – por la noche – tarda menos – es/resulta más barato – ir en avión – está al lado – me dijeron – cada hora

13
Traducción

Ayer encontré en la calle a Fernando, el chico de mi clase que se fue a vivir a Murcia. Dijo que se acordaba mucho de nosotros y que Murcia no le gustaba nada. También me dijo que su hermana se había casado y que ya no vivía con ellos. Luego dijo que, cuando acabara el colegio, pasaría un año en Inglaterra, pero que después volvería aquí, a Sevilla, sin sus padres, a estudiar en la universidad.

14
Contar el contenido de una carta. En la primera fase del ejercicio – citando la carta en presente – sólo cambia la óptica (persona del verbo, pronombres personales):

Escribe que ...
ha pasado por mi casa – quería hablar conmigo – yo no estaba – se va a ir a Burgos – podríamos vernos – pregunta qué me parece – le gustaría que pudiéramos cenar – escribe que le llame si quiero – y que no me olvide de que le hace falta el libro que me dejó – pregunta por qué no fui – que todos preguntaron por mí – que pase bien el fin de semana y que tenga cuidado

Escribió que ...
había pasado – quería hablar – yo no estaba – se iba a ir – podríamos vernos – preguntó qué me parecía – le gustaría que pudiéramos cenar – que le llamara si quería – que no me olvidara de que le hacía falta el libro que me había dejado – preguntó por qué no había ido – que todos habían preguntado por mí – que pasara bien el fin de semana y que tuviera cuidado

Como una meta importante es la comprensión de textos hablados o escritos, también en estilo indirecto, el profesor podría volver a contar la historia de la L 27:
«Un muchacho quería irse del pueblo con una joven.
El le dijo que ya tenía aparejadas las mulas, que las había tenido que alquilar, y que quería irse por fin con ella al día siguiente.
Ella le dijo que no podía ser, con lo viejo que estaba su padre, que no tenía a nadie más que a ella, y además, no tardaría mucho en morirse ...
Esta contestación no le bastó al muchacho.
Pero ella dijo que le dejara tiempo para pensarlo, que tenían que esperar hasta que se

muriera el padre, que le faltaba poquito. Y le prometió que entonces sí se iría con él. Pero que de momento no podía, que le daba pena su padre.
El dijo que sí podía, y que si no se iba con él, iría a ver a la Juliana ...
Esto le dio una rabia espantosa a ella, y le dijo que no volviera, que no lo quería ver más ...»

D   Comprensión auditiva

Proponemos presentar primero las cinco entrevistas seguidas, para seguir después por trozos, leyendo en cada caso primero las tres o cuatro preguntas correspondientes antes de escuchar las breves frases de la entrevista.
Probablemente tendrá Vd. a disposición algunas fotos de Barcelona y de alguno de los sitios que se mencionan: el Montjuich, el Barrio Gótico, el Tibidabo, la Plaza Real. El recuerdo del ejercicio será más completo si les enseña estas fotos a los alumnos.
Algunas palabras que merecen ser recuperadas: el barrio, el despacho, el funicular, el rincón ...

Barceloneses sobre su ciudad natal
A un grupo de barceloneses se les ha pedido que hablen de su lugar preferido en Barcelona.
El primero de ellos es Pascual Maragall, alcalde de Barcelona.
- El Montjuich es uno de los lugares más bellos de la ciudad. Y dentro de él, el sitio que más me gusta es el Palacete Albéniz y sus jardines. Es como un paraíso apartado de todo ... Además, desde el Montjuich, desde arriba, se puede ver toda Barcelona y sentir que el mar está cerca.

Bibi Salisachs, la esposa de Juan Antonio Samaranch, presidente del Comité Olímpico Internacional, dice:
- Para mí, uno de los sitios que más me gustan es el parque Turó. Ya de niña fui a jugar allí, y ahora sigue siendo lo primero que veo por la mañana desde mi ventana. Todo sigue igual que antes. Sólo los árboles están más altos.

Marta Ferrusola, la esposa del presidente de la Generalitat de Catalunya, dice:
- Mi barrio preferido es Porta del Angel y el Barrio Gótico. De joven, yo trabajaba en el despacho de mi padre, en la calle del Pi. Ya quedan pocas tiendas de entonces, una de ellas es la bonbonería de Can Fargas, por la que siento debilidad porque tiene unos bonbones riquísimos.

Angel Casas, presentador de programas de televisión, dice:
- Lo que más me gusta de Barcelona es el Tibidabo. Cuando era niño, subir al Tibidabo era para mí un premio, una excursión fantástica. El funicular, la ciudad vista desde arriba, todo parecía de cuento ... Los cambios de ahora no han quitado al Tibidabo su encanto.

Toni Miró, diseñador, dice:
— Entre todos los rincones de Barcelona, el lugar que prefiero es la Plaza Real. Es un lugar mágico, vivo, siempre hay música, es como un teatro, el teatro de la vida. Siempre me ha gustado más la plaza que las Ramblas. Allí están los coches, el ruido ..., en la plaza, en cambio, hay una paz enorme ...

1. sí 2. no 3. no 4. sí 5. sí 6. no 7. sí 8. sí 9. sí 10. no 11. sí 12. no 13. sí 14. sí 15. sí 16. sí 17. no

30 Culturas, encuentros, contrastes

Carlos Fuentes (ver L 24).

Bertil Malmberg es un eminente lingüista e hispanista sueco cuyas obras principales se han traducido al español.

A   Los Textos

La presencia musulmana en la Península existió desde el año 711 al 1492, es decir, casi ocho siglos.
Los judíos, por su parte, estaban en España probablemente desde los primeros siglos de nuestra Era y fueron expulsados por los Reyes Católicos en 1492, aunque parte de ellos se quedaron como judíos conversos.
Carlos Fuentes habla de «más de 9 siglos», seguramente para expresar que ese proceso histórico de la influencia mutua de tres grandes culturas no puede haber terminado abruptamente con unas fechas históricas concretas.
En pocas líneas da Carlos Fuentes una idea de lo que fue esencial en la España de la Edad Media, en que convivían tres creencias y tres culturas, y lo que le debe a este fenómeno único el desarrollo cultural de Europa, concretamente durante el reinado de Alfonso X el Sabio (1221 - 1284), hijo de Fernando III, el fundador de la universidad de Salamanca.
En aquella época se hicieron trabajos y traducciones en Toledo que abarcaron todas las ciencias y tuvieron carácter histórico, recopilando todos los conocimientos de Historia y Geografía, Astronomía, Matemáticas y Derecho, según fuentes griegas, romanas e islámicas, que de esta manera se recuperaron para Europa. (Ver también L 22).

La ilustración
La foto representa una inscripción en hebreo y árabe del mausoleo de Fernando III el Santo, en la capilla real de la catedral de Sevilla. Fernando III (1199-1252), rey de Castilla y León, fue un decidido continuador de la Reconquista.

Malmberg subraya que, aunque en muchos aspectos de la cultura latinoamericana predomine la tradición española, no se debe pasar por alto el papel desempeñado por la cultura precolombina y la vitalidad de la herencia indígena en las tradiciones populares y en la actualidad.
Los dos textos tienen ejemplos de la Pasiva (ser + Participio). No obstante, se pueden leer sin explicar este fenómeno, porque con toda probabilidad no habrá problemas de comprensión. Lo que interesa es el contenido, el mensaje. Lo cual no excluye que algún alumno haga una pregunta al respecto.

La ilustración
«Mujer inca hilando.»
El grabado pertenece a una serie dedicada a las edades de la vida. (En el dibujo está inscrito «de edad de treinta y tres años»). La hilandera está trabajando la lana de vicuña.

B   La Gramática

El programa gramatical de esta lección es tan sencillo que no requiere más comentario.

C   Los Ejercicios

1-3

Modelos de frases en Pasiva, propia sobre todo de un estilo informativo escrito o usado en los medios de comunicación, o sea, una forma que habrá que entender, pero que el alumno usará poco en conversaciones corrientes. Por eso, no le pedimos que formule frases en Pasiva.
Las frases se convertirán, una vez entendidas, en frases corrientes de uso oral: se discutió (Pasiva refleja), el Congreso discutió (Activa), discutieron (plural semi-anónimo).

(Ejercicio 1)
1. se ha enterrado 2. se ha traducido 3. se ha reconocido 4. se edificó 5. se publicará 6. se han invitado 7. no se han pagado

(Ejercicio 2)
1. entre todos han pagado 2. mucha gente ha visitado 3. la policía detuvo 4. varios médicos estudiaron 5. el embajador ofrecerá 6. la policía rodeó 7. un poeta desconocido tradujo 8. la policía ha informado 9. yo no pagaré 10. el presidente saludó 11. todos apoyan

(Ejercicio 3)
1. han construido 2. han descubierto 3. han conservado 4. robaron 5. han vendido 6. han operado 7. no han informado a la gente

4
Traducción

Las frases alemanas en Pasiva se expresarán en cualquiera de las formas correspondientes en español: Pasiva refleja, Activa, o tercera persona del plural.

1. Le han robado el coche. 2. Le ha buscado la policía. 3. Le han ido a buscar a la estación. 4. Me parece que se han olvidado de la sopa. 5. Cela se ha traducido mucho. 6. Aquí me tratan muy bien. 7. Estos muebles se venden mucho. 8. Aquí se aprende mucho el ruso. 9. Me han apoyado mucho. 10. Ya han colgado la lámpara. 11. La puerta se abrió. 12. Han abierto una nueva tienda. 13. La carne se cuece una hora. 14. Las patatas se cortan en trozos. 15. El postre se prepara ya el día anterior. 16. El curso termina hoy.

D Comprensión auditiva

Una vez más, las preguntas se refieren casi exclusivamente a datos que los alumnos pueden entender, basándose en sus conocimientos lingüísticos. Así, no hacemos ninguna pregunta sobre la frase «Vd. abandona allí una casa o una ciudad, y pocos años más tarde está completamente cubierta de plantas, es parte de la selva ...» porque no sabemos si los alumnos conocen las palabras «abandonar, selva».
Estas palabras, igual que la expresión «a mi modo de ver», deberían recuperarse al final con el procedimiento que hemos practicado en diferentes ocasiones.

Sobre el mundo y la literatura americanos
Escuche Vd. lo que dice, en un programa de radio en España, Arturo Uslar Pietri, escritor y político venezolano, hablando del mundo americano y de algunas características de la literatura latinoamericana.
– Ya en la época en que la literatura latinoamericana tenía menos importancia que hoy día, hace cien años, tenía características propias, por ejemplo, la presencia de la naturaleza.
Sí, la naturaleza tiene allí una fuerza que en Europa es impensable. Usted abandona allí una casa o una ciudad, y pocos años más tarde está completamente cubierta de plantas, es parte de la selva ...
También hay que pensar que los ríos más grandes que conoce Europa, el Rin, el Sena, el Támesis, en América sólo serían pequeños afluentes del Amazonas o del Orinoco. El Amazonas es un mar: a 200 kilómetros de la costa todavía se puede sacar agua dulce, porque las aguas del Amazonas entran en el mar hasta una distancia increíble.
Lo mismo podemos decir del tamaño de las llanuras o el de la selva amazónica, que es tan grande como medio Europa ...
Y toda esta naturaleza se tenía que hacer sentir en la literatura ...

Pero claro, lo de la naturaleza es sólo una característica de la literatura latinoamericana, porque a mi modo de ver tiene otras muchas, que todas juntas crean su originalidad ...

1. sí 2. no 3. sí 4. no 5. no 6. sí 7. sí

TEST 7

1
Rellenar algunas lagunas. El test se concentra en *si + Indicativo / si + Imperfecto de subjuntivo*, y *como si + Imperfecto de subjuntivo*.

1. fuera 2. estuviera 3. hubiera dicho 4. vinieras 5. encontrara 6. supiera 7. agradecería 8. podría 9. tomas 10. hubiera comido 11. quieres 12. hubieras hecho 13. hubiera sabido 14. tuviera 15. mandas

2
Test de Estilo indirecto.

1. sé 2. quería, interesaba 3. ofrecían, decía, iba, gustara 4. ayudara, eran, podía 5. fuera, quedara, quisiera 6. encantaría, esperaran, sabía, podría 7. explicara, escribí/había escrito 8. iba, quedaba/quedaría, iba/iría

3
Traducción
Se pide al alumno que exprese el mensaje y no que traduzca la estructura alemana.

1. Mañana estamos invitados. 2. La casa de enfrente se ha vendido. 3. ¿Ya has pagado la cuenta? 4. El proyecto se critica mucho. 5. ¿Estás informado de todo? 6. El nuevo Metro se va a construir el año que viene. 7. Me han robado el coche. 8. Espero que me vengan a buscar. 9. ¿A qué hora abren aquí las tiendas? 10. ¿Cuánto tiempo se cuece la carne?

4
Traducción
Relato de una conversación, en Estilo indirecto.

Hoy he hablado con José. Dice que está contento con su trabajo, pero si en nuestra casa buscan a alguien, que se lo diga. Le he dicho que no se preocupe, ya se lo diré. También ha contado que su hermano está bien y que sigue estando en Barcelona, pero que le gustaría volver aquí ...